イスラエル軍元兵士が語る非戦論

タイ

a pilot of wisdom

まえがき　戦争は終わるものではない？

「戦争は終わるものではないと思います」

現在、わたしは埼玉県に住み、本業の家具づくりのかたわら、断続的に戦争をしているイスラエル出身でイスラエル軍兵士の経験があることから、「どうしたら戦争をなくせるか」などをテーマに講演活動もしています。その中で冒頭のような質問（意見）を受けました。

学校で世界史を学ぶと、多くの人は古代から現代まで戦争が絶えないという印象を持つのではないでしょうか。わたしもそうでした。また、戦争は重要なニュースなので世界各地の戦争が毎日のように伝えられ、直近でもロシア・ウクライナ戦争やハマス（イスラム抵抗運動）とイスラエルとの戦闘が各国で大きく報道されていることなどから、冒頭のような意見の人も少なくないのだと思います。「戦争は人間の本能」と言う人すらいます。

しかし、確かに戦争はたくさんありましたが、第1次、第2次世界大戦を含めてどの戦争も必ず終わっています。永遠に続く戦争はないのです。

そして、この世界ではどの時代にも戦争と直接関わらなかった人たちのほうが圧倒的に多かったし、戦争のない地域のほうが圧倒的に多かったのです。ロシアとウクライナの戦争も戦っているのは2つの国だけです。ヨーロッパには54の国・地域がありますが、他の52の国・地域ではほぼ普段通りの生活が続いています。

このような歴史的な事実に気づくと、戦争は人間の本能ではないし、戦争をやめるのは決して不可能ではない、と考えられるようになります。

事実、人類はわたしたちの最も大切な人権、つまり、幸せに生きる権利を奪う戦争は絶対起こしてはならないと、これまで国際連合をはじめとする平和構築のための組織をつくり、核兵器禁止条約など、さまざまな条約を結ぶ努力を続けています。

しかし、まだまだ戦争はなくならず、それどころか、世界に先駆けて戦争を放棄する「平和憲法」を持った日本が、戦争の準備を始める始末です。

2023年10月7日、パレスチナのガザ地区からハマスの戦闘員がイスラエル南部に突入、数百人を殺害しました。莫大な予算を使って最新兵器を備え、万全の抑止力を誇っていたイスラエルは、自国民を守れませんでした（第3章の「平和を応援します」という節で詳述）。

次世代に豊かな地球を引き渡すために、大人の責任として戦争をやめるにはどうしたらいいのか。そのカギになるのが、敵に攻められないよう「抑止力」を持つ、「武器による平和」という理屈からわたしたちが卒業することです。それは、決して非現実的でも「お花畑」のような考えでもなく、逆に極めて現実的であることを、皆さんに実感を持って受け止めてもらうために、わたしの体験を参考にしていただけたら幸いです。

わたしは、イスラエルの「国のために死ぬのはすばらしい」と思い込ませる教育を受け、その結果として戦争に何の疑問も持たず、「敵」であるパレスチナ（アラブ）人を殺すことは「仕方がない」と当然のように徴兵に応じ、イスラエル軍に入隊しました（第1章）。

しかし、イスラエル軍による子どもを含むパレスチナ人の大殺戮《だいさつりく》を契機に軍隊を疑うようになり、イスラエルやわたし自身が信奉していた武力による平和、つまり抑止力による平和という考えでは、結局はイスラエルとパレスチナ間の復讐《ふくしゅう》の連鎖を止められないと考えるようになりました。そして2011年の福島第1原発事故を経験し、戦争と原発は少数の人の利益のために多数の人が犠牲にされる点でよく似ていると気づき、特にこの2つを止めるために力を尽くすのが自分の使命だと自覚するようになりました（第2章）。

また同年、わたしはユダヤ人である親族も殺されたアウシュヴィッツを家族と訪れたのですが、戦争になると普通の人間がここまで残酷になれるのかと打ちのめされました。そして、多くの人が見て見ぬふりをしているうちに６００万人ものユダヤ人の大虐殺が引き起こされてしまったという重い重い教訓を得たことから、戦争につながりそうなことに気づくたび、わたしたちが反対の声をあげ続ける大切さを痛感しました（第３章）。

そして、人間を人間でなくす戦争を起こさせないためには、「抑止」という理屈を乗り越え、復讐の連鎖を断ち切る必要があり、そのために大切なのが戦争放棄をうたう日本の憲法第９条だと知りました。このようなわたしの体験を土台に、現在の講演活動やフェイスブックなどでの発信、そして地元埼玉県秩父《ちちぶ》郡皆野町《みなのまち》での実践があります（第４章）。

わたしは夢だった手作りのログハウスに住み、庭の畑でとれた野菜を食べ、ワインを飲む田舎暮らしを満喫しながら、本職の家具づくりに打ち込み、やりがいを感じています。生活には十分満足しています。世の中のさまざまな問題から目をそらすのは簡単です。

戦争、原発、難民、ＬＧＢＴＱ、沖縄の基地問題、気候危機……それらの問題が気になってはいましたが、「しょせんは他人事《ひとごと》。人生は短い、遊ばなきゃ損」とわたしは見て見ぬふりをしていました。他方、これらの社会の問題に取り組まず、自分の世界に閉じこもる生活がどこか後ろめたく、また物足りなくもありました。

しかし、2008年のイスラエル軍による子どもを含むパレスチナ人の大殺戮、そして2011年の福島第1原発事故を経験した後、わたしは右に述べたすべての問題の共通点に気づいてしまいました。

それは、人権です。日本の、イスラエルの、世界の人権尊重のレベルが低すぎます。

それは、わたしの人権も十分尊重されていないということです。わたしの子や孫の人権も尊重されていないということです。これに気づいた瞬間、もう見て見ぬふりはできなくなりました。こういう「気づき」は誰にでも起こりうると思います。

どこかで誰かが飢え、苦しみ、うめき、絶叫しています。他人の人権が尊重されないと、いつかそれが自分にもはね返ります。その結果として、日本にも戦争が、ジリッ、ジリッとにじり寄ってきています。

あなたは、それでいいのですか。

さあ、一緒に考えましょう。

2023年11月

ダニー・ネフセタイ

目次

「『いつまでも戦うしかない』と子や孫にも言うつもり」
このままじゃダメだと気づいたきっかけ

第3章　虐殺された民族が虐殺する

アウシュヴィッツへの家族旅行
「アウシュヴィッツで笑う」
「帰還可能点」と「帰還不能点」
未熟だったわたしたち
「なかったことにする」という差別
「世界一悲惨な歴史」に開き直るイスラエル人
「ダニーさんは今でもドイツ人を恨んでいますか」
和平のためにはどうすればいいか
裏切られた祖母の期待
平和を応援します

イスラエルと
パレスチナ自治区
ベイルート
レバノン
シリア
テルハイ
ゴラン高原
地中海
ハイファ
ジェニン
ガリラヤ湖
クファー・ヴィトキン
ヨルダン川
ヨルダン川
西岸地区
テルアビブ
エルサレム
ヘブロン
死海
ガザ地区
マサダ
パレスチナ自治区
イスラエル
ヨルダン
ネゲブ砂漠
エジプト
シナイ半島
30km
N
アカバ湾

第1章　罪深い教育

空軍パイロットへの憧れ

あなたは人を殺せますか。あなたの子や孫、友人、恋人が人を殺したらどう思いますか。

わたしは、イスラエル空軍のパイロット養成学校で、戦闘機のパイロットになるために何回も行われる実技試験を終盤で通過できず、結局パイロットにはなれませんでした。

しかし、もしなっていたら間違いなく爆弾を落とし、人を殺していました。当時のわたしは、自分が落とした爆弾で、いたいけな子どもも死ぬ場面を想像できませんでした。

パイロットになったわたしの同期がいた部隊は、１９８２年の第1次レバノン戦争とその後のレバノン駐留でベイルートなどに大量の爆弾を落とし、子どもを含む多くの人々を殺しました。第1次レバノン戦争のレバノン側の死者数は約2万人という説もあります。

けれども、友人のパイロットはみなすばらしい人たちです。家族への愛情は深いし、貧しい人や困っている人を見れば手を差し伸べます。しかし、すばらしい人たちも人を殺すのです。それが戦争です。

彼らの生活は、たとえば次のようです。既婚の空軍パイロットは基地内で、家族と暮らしています。

……午前6時半、出撃のサイレンが鳴り、命令が出ます。

「ガザでテロリストが潜伏しているビルを撃破せよ」

ガザまで戦闘ヘリで約10分。命令通りビルにミサイルを撃ち込んで爆破し、帰還します。午前7時半、何事もなかったかのように、彼は妻や子どもたちと朝食を食べます。

たった15分前に、彼は自分の撃ったミサイルでパレスチナ人の3歳の子どもを殺したかもしれない。がれきの中で遺体を抱いた母親が泣き崩れているかもしれない。そういう想像が働かないのです。あるいは、想像しないよう心を閉ざしてしまうのです。

わたしも養成学校で、上官から、「君たちが頑張ればイスラエルの子どもたちは安心して眠れる」と言われ、「よし頑張ろう」と思いました。パレスチナの子どもたちが眠れないどころか、死ぬことなど全く想像しませんでした。

親として、わたしは3人（1男2女）の子どもたちにこう話しています。

「あなたたちの幸せはわたしの幸せ。あなたたちの幸せのためにわたしは何でもやる。だけど、誰かの幸せを奪った上で自分だけ幸せになろうとするなら、それは応援しない。『イスラエル人の生存のためにパレスチナ人を殺すのは仕方がない』という人がイスラエル人の圧倒的な多数派だけど、それはとても悲しい」

しかし、後述（第2章）しますが、わたし自身も50歳近くになるまで、そういうイスラエル人多数派の考え方や軍隊の存在、国のあり方にほとんど疑いを持っていませんでした。

周辺アラブ諸国との戦争が絶えないイスラエルには、徴兵制があります。高校卒業後、男性は約3年間、女性も2年間の兵役につきます。[*1] 女性も銃を撃つ訓練をしますし、戦闘機のパイロットになる人もいます。

そもそも、イスラエルの国民の大半は移民とその子孫です。パレスチナの地を選び、国を一から創るつもりで来た人と、その経験を聞いて育った人たちです。そのため、国民は政府の軍隊ではなく、「自分たちの軍隊」「みんなの軍隊」という目で軍隊を見ており、兵士を家族のように近しく感じています。また、徴兵後も予備役があり（女性は特殊任務以外原則なし）、男性は士官は45歳まで、一般兵は40歳まで毎年1カ月以内の兵役につくことも、軍が国民に親しまれている理由です。

何より軍隊がなければ、わたしたちはパレスチナ人やアラブ諸国から攻撃され、生きていけない、と思い込んでいます。だから、自然に軍隊や軍人をあがめることになるのです。

中でも特に尊敬されるのが空軍パイロットです。国家予算から大金が支出される超高性能な機械をたった一人で使いこなせる選ばれた人間、エリートと見られています。

「あの人は空軍パイロットだよ」と言われたら、その人への尊敬のまなざしは、日本で「あの人は東大卒だよ」と言われる時のまなざしとは全く比較にならないくらい上です。

わたしも、幼い頃から「空軍パイロットになりたい」と憧れていました。イスラエルの軍隊は、それぞれの部隊に入るまでの適性検査をパスする困難さと入隊してからの訓練の厳しさによって各部隊がランク付けされています。空軍パイロットを頂点に、陸軍特殊部隊、戦闘潜水員部隊、諜報《ちょうほう》部隊……と。「あの高校から空軍パイロットに何人受かった」などと高校同士が競い合っています。

ちなみに、「陸軍特殊部隊」とは、たとえば「ガザのビルにハマス[*2]の幹部が潜んでいるから、突入して殺さずに拘束せよ」というような特殊な任務を遂行する部隊で、「戦闘潜水員部隊」とは、水中で敵艦に爆弾を仕掛けるなどの軍事活動を行う工作員の部隊です。

わたしも空軍パイロットが第1志望でしたが、パイロットになれなくても、どんな部隊に行くにせよ体力があれば有利なので、高校時代は帰宅すると腕立て伏せ、ランニング、庭の木に吊《つる》したロープを腕だけで登るなどして鍛えたものです。

親にとっても、自分の子どもが戦闘機のパイロットというのは誇りです。世間体もとてもよく、鼻高々です。

しかし、戦闘機は破壊と殺人以外何もできません。建設や創造の対極にある機械なのです。それなのにイスラエルにいると軍隊＝すばらしい、空軍パイロット＝最高という価値観に自然に染まっていきます。疑えなくなるのです。

そういう価値観を疑い、アラブ人の人権侵害などを理由に兵役を拒否する人もまれにいます。しかしそれは、新聞に氏名が載るくらい珍しい。そういう人たちは、世間では「裏切り者」と見られます。現在、フェイスブックなどでイスラエルを批判しているわたしを「裏切り者」と見る人も少なくありません。

土地を奪って「理想」を追求

わたしは、1957年にイスラエル中部の「クファァー・ヴィトキン」というモシャブ

（入植村の一種）で生まれました。上に兄が1人、下に妹が2人います。

イスラエルは、日本から西に9000㎞も離れた西アジアの地中海に面した国です。面積は2・2万㎢（イスラエルが併合した東エルサレムとゴラン高原を含む数字。その併合は日本をはじめ大多数の国々に承認されていない）で、日本の四国ほどの大きさしかありません。

イスラエルの地には、わたしたちの先祖のユダヤ人が住んでいましたが、2000年ほど前にローマ帝国に征服されてしまい、欧州のみならず、世界各地に離散していきました。そういう人々の中から「イスラエルへ帰ろう」とする人々が出てきます。「イスラエル」とは元は旧約聖書に出てくるヘブライ人の族長ヤコブの別名で、ヘブライ語で「神が支配する」という意味です。

19世紀半ばから、ヨーロッパでユダヤ人への差別や迫害が激しくなると、ユダヤ人の理想の国家建設を目指そうとする思想や運動が具体化します。それらを総称してシオニズムと言い、そういう考えの人々をシオニストと呼びます。これらの呼称は、エルサレムにあるユダヤ教の聖地、シオンの丘に由来します。

わたしの祖父母は、シオニズム運動に共鳴し、1920年代に父方はポーランドから、母方はドイツから移民してきました。また、わたしの親族にはホロコースト（大虐殺）の危険を察知し、チリ、イギリス、そしてアメリカに移民した人たちもいます。

その親族が数年に1回、イスラエルのわたしの家に各国のさまざまなお土産を手に集まっていたのですが、それが子どもの頃のわたしの大きな楽しみでした。

しかし、砂漠のイスラエルは住みにくいし、ヨーロッパの文化的な優位性に魅力を感じて、ヨーロッパに残った親族もいます。彼らの大半は強制収容所で犠牲になりました（第3章で述べます）。

1948年の建国前のイスラエルの地（パレスチナ）にはすでにパレスチナ人が住んでいました。第1次世界大戦後、パレスチナは国際連盟からイギリスに委任された「委任統治領」という名目の実質的な植民地になっていましたが、イギリスは移民を認めたので、ヨーロッパなどから移ってきたユダヤ人は、パレスチナ各地に入植地をつくっていきました。わたしたちは、小学校では入植地はパレスチナ人から「買った」と習いましたが、大半は奪ったものです。

パレスチナ人側からすれば、ユダヤ人は2000年も不在にしていたのに突然帰ってきて、「ハイ、今日からここはイスラエルになったから、パレスチナ人は出て行ってください」と言われたわけです。これは明らかな侵略でしょう。紛争が頻発します。

この裏には、悪名高いイギリスの「二枚舌」外交[*3]があります。

第1次世界大戦中の1917年、イギリスは戦争資金を調達するために「パレスチナにおけるユダヤ国家建設を支持する」とする書簡をシオニズム運動の指導者でイギリス在住のユダヤ系財閥の当主に送りました（バルフォア宣言）。

しかし、それより前の1915年、イギリスはオスマン帝国からの独立を目指すアラブ民族主義を利用し、オスマン帝国の勢力をそぐため、アラブ側にイギリスに協力すれば「アラブの独立支持を約束する」という書簡も送っていました（フセイン・マクマホン協定）。

そして、第1次世界大戦で英仏連合国側が勝利したことで、パレスチナとヨルダンはイギリス、レバノンとシリアはフランスの委任統治領になったのです。

このように、イギリスがアラブとユダヤ双方を利用するために相反する約束をしたことが、2つの民族の対立を激化させることになってしまいました。

しかし、中世以前、アラブ人が信仰するイスラム教の勢力が支配していた広大な地域では、ユダヤ教の旧約聖書とキリスト教の新約聖書はイスラム教のコーランと同様に唯一神から示された「啓典」と見なされ、イスラム教勢力はユダヤ教徒とキリスト教徒を「啓典の民」として、人頭税を納めれば彼らの信仰を認め、共存していたのです。ですから、教義からも歴史からもイスラム教徒とユダヤ教徒、キリスト教徒は本来は決して「不倶戴天《ふぐたいてん》の敵」ではありません。

第2次世界大戦後に設立された国連は、1947年、パレスチナの面積の半分以上となる56・5%をイスラエルに与え、パレスチナとイスラエルの2国家を建設するというイスラエルに有利な調停案を提案します。イスラエルは受け入れますが、アラブ側が拒否し、そこで起きたのが第1次中東戦争です。これをもって後にイスラエル側は、「われわれはパレスチナの土地の半分を与えたのに、アラブ側が戦争を選んだ」と主張します。

イスラエルはエジプト、シリア、トランスヨルダン（現ヨルダン）、レバノンなどに勝利し、48年に独立宣言をして建国します。しかし、アラブ側からすれば到底容認できません。これが、この地で今も戦争や紛争、テロが終わらない根本原因です。

イスラエルは、パレスチナ人の土地を奪い、入植地をどんどん増やしていきます。ただ、この入植地につくられた村は、社会主義的な理想を追求する側面もありました。その形態には大きく分けて「キブツ」と「モシャブ」の2種があります。

キブツは社会主義とシオニズムが結合した共同体で、私有財産を認めず、キブツ所有の畑、牛舎、鶏舎などで協働作業をし、生活面も共同化されており、食事も食堂で共に食べます。洗濯は名前を書いた衣類を出しておけば係の人が洗ってくれます。かつては夫婦の家、子どもの家が別々で、両親と子どもは寝食を共にせず、育児や教育も集団で行われていましたが、今は住居は家族ごとに別々です。家と家の間には芝生があり、キブツ独自のプールがあるところもあり、ゆったりと暮らしています。当初は給料はありませんでしたが、今はあります。その形態はだいぶ変わってきています。

これに対して、モシャブは家族ごとに生活します。畑も別々ですが、モシャブには日本の農協のような機能があり、販売先の確保とか、売り上げを口座に振り込んだり、税金の管理、共同所有のトラクターなど大型農機具の貸し出しなどもやってくれます。

キブツには、初代首相ダヴィド・ベングリオンや女性で首相や外相を務めたゴルダ・メイアら数多くの政治家が参加しています。キブツもモシャブも左派的な考え方の人が多く、リベラルな政党を支持する人が多いのも特徴です。

「左派」とは、武力より対話、国の権力より人権を重視する立場、「右派」とは、対話より武力、人権より国の権力を重視する立場、とここでは区別しておきます。

ただし、左派は人権を重視するはずなのに、パレスチナ人を追い出す入植地建設を政策として始めたのはリベラルとされる労働党です。彼らの多くはパレスチナ人の人権は軽視しています。ダブルスタンダードだと言わざるをえません。

そして、わたし自身も左派的な考えだったにもかかわらず、農家の次男だったので徴兵期間を終えたら将来は「シオニストとして新しい入植地にモシャブをつくるぞ」と、国家の理想を自分の理想にしていました。

シオニズム運動のスローガンの一つは、「民なき土地に土地なき民を」です。パレスチナ人がいるのに無視されています。が、わたしもパレスチナ人のことは眼中にありませんでした。それどころか、「新しいモシャブをつくるのは、国のためになる良いことだ」という愛国心に燃えていたのです。

わたしが小学校に入学したのが1963年。イスラエルの建国は48年ですから、当時はまだできたてほやほやの国です。独立記念日には、子どもたちが誇らしげに「イスラエル15歳」などと祝うバッジを胸につけていたのをおぼえています。全国民こぞってこの国を理想の国に育てていこうという気概にあふれていました。

両親が営むミカン、オレンジ、ピーカンナッツ（くるみのような木の実）などの畑を手伝いながらわたしは学校に通いました。

うちの農地には「シュマリ畑」と「クバニ畑」と呼ばれていた土地がありました。ヘブライ語ではなく、アラビア語です。1948年のイスラエル建国までその2つの畑の持ち主だったアラブ人（パレスチナ人）[*4]は「逃げた」と父は言っていました。本当は「追い出した」のでしょうが、決してそうは言いませんでした。当時のわたしは何の疑問も持たず、「持ち主が逃げたのなら、使うのは当然」と思っていました。

両親は、わたしたちにアラブ人（パレスチナ人）には、「良いアラブ人と悪いアラブ人がいる」と言っていました。わたしたちのモシャブの近くにアラブ人が固まって住んでいる集落がありましたが、イスラエル国内に残っているのは「良いアラブ人」だと勝手に決めつけていました。

現在のイスラエルの人口は980万人ほどですが、イスラエル国籍を持つ200万人のアラブ人が住んでいます。しかし、学校は別々で、わたしにはアラブ人の友人はいません。アラブ人と結婚するイスラエル人も極めて珍しいですね。

一方で差別し、他方で「理想」を追求する矛盾を、わたしたちは矛盾とは感じていませんでした。

家庭の中にあった「軍隊」

わたしの父、ナタン・ネフセタイは１９２７年生まれです。40歳の予備役の時に67年の第３次中東戦争に大砲部隊の一員として従軍し、ヨルダン川西岸中部に行きました。父が軍服を着て出かけていく姿をおぼえています。母ミハルは、「お父さんはわたしたちを守りに行くのよ。お父さんたちが頑張っているから、わたしたちは安全に食事ができるの」と言っていました。

第３次中東戦争は、イスラエルがたった６日間でヨルダンから東エルサレムを含むヨルダン川西岸地区を、エジプトからガザ地区とシナイ半島を、シリアからゴラン高原などを奪い、占領した戦争です。イスラエルでは「六日戦争」とも呼ばれています。

当時小学４年生だったわたしと６年生だった兄のギルは毎晩戦況を伝えるラジオ放送にかじりつき、窓枠にその日のイスラエル軍の戦果を書き込んだものです。「今日はここを占領」「今日もここを取った」と。この戦争で、イスラエルの面積は一気に４倍になりました。「イスラエル軍は世界一強い」「わたしたちはスゴイ」とみんな興奮の絶頂でした。

旧約聖書に出てくる史跡の多くは、それまでヨルダン領のヨルダン川西岸にあったのでわたしたちは行けませんでした。けれども、第３次中東戦争でイスラエルはヨルダン川西岸も占領したので、ユダヤ民族が２０００年の間祈り続け、神様が約束した場所にやっと戻れました。学校で習った「嘆きの壁[*5]」や「アブラハムの墓[*6]」に行けるようになったのです。国全体が何だか酔ったような、神がかった異様な雰囲気に包まれていました。

しかし、わたしの保育園時代の保育士の夫が予備役で従軍し、戦死してしまいました。

父は、運よく帰還できました。「お父さんが無事で良かった」と母は心底喜んでいました。父は、お土産にナイフと聴診器をくれました。

わたしは、そのナイフはアラブ人がユダヤ人を殺すためのものだったに違いないと思い、父が持ち帰ったおかげで、「ユダヤ人が殺されなくて済んだ」と喜びました。そのナイフは今でも兄の家にあります。また、聴診器を友人たちの胸にあてると「ドクッ、ドクッ」と心臓の音が生々しく響きます。「ダニーはすごいものを持っている」とうらやましがられ、わたしは得意になりました。

この時も父は「アラブ人は逃げた」と言いました。が、今ふり返れば、父のお土産はアラブ人の家から勝手に持ってきたものだったのではないかと思います。

父の自死

家庭の中に「軍隊」がありました。

その父ナタンが、第3次中東戦争に従軍して2年後の1969年、農薬を飲んで自殺してしまいます。当時、わたしは12歳、兄のギルは14歳、上の妹シャーリーは9歳、下の妹イリスはまだ母のお腹《なか》の中でした。遺書は残されておらず、原因は不明です。

イスラエルでは、戦死が「最も栄誉ある死」だとされています。逆に自殺は「最も恥ずべき死」というのが暗黙の認識です。ですから、うちでは父の死について話題にするのはタブーでした。ただ、わたし自身は折に触れて父の自殺の原因を考えてきました。

数年前、上の妹シャーリーが父の手書きのメモを見つけました。それには、村の人々のうちの36人に先述の「クバニ」の土地をクジ引きで分けた結果が書いてあります。水はけや日当たりなど場所によって畑作に有利不利があります。それを特定の人に有利にならないよう、クジ引きをしたのでしょう。

アラブ人の土地を奪っておきながら、ユダヤ人同士の間では「公平」を期する。この矛盾を父はどう考えていたのか、聞いてみたかったです。

しかし、父は気性は優しいほうだったと思います。ある時、父と生きたニワトリをカゴに入れて出荷する作業をしていました。わたしは1羽のニワトリが羽をバタバタさせているのに気づきました。そのニワトリの足がカゴからはみ出し、上に積まれたカゴとの間に挟まれていたのでした。そのカゴの上には数個のカゴが積み上げられていました。

そばにいたモシャブの出荷係の人は、どうせ絞めて鶏肉にするからか、気にも留めていない様子でした。が、父に知らせると積み上げられていたすべてのカゴを一度降ろし、ニワトリの足をカゴに入れてやってからまたその上にカゴを積み上げ、元通りにしたのでした。

父は、モシャブの社会委員会の委員に選挙で毎回選ばれていました。法的な権限はないものの、村のもめごとの仲裁をする委員会です。母は「お父さんは正義感が強く、みんなに信頼されているからいつも選ばれるのよ」と言っていました。

わたしの父ナタン、母ミハル

フェイスブックで、「友だち」になっている同じモシャブ生まれの人から、彼の兄ツヴィ・ロゼン（Zvi Rozen）さんという人がわたしたちのモシャブについての本"*The Old Generation is Gone*"（『村には老人世代はもういない』）を書いており、その中にわたしの父についての記述もあると知らされました。

その本によれば、父は2回も飛び級をしたほどの秀才で、特に言語能力に優れていたそうです。確かに、父は英語、フランス語、ドイツ語を学び、イスラエル国内にはアラブ人もいたのでアラビア語も学んでいました。加えて国際理解と世界平和のためにつくられた人工言語であるエスペラント語も学んでいました。父にも平和を夢見る側面があったのでしょう。農作業を終えてから夜、学校に通い、深夜まで学んでいました。

しかし、当時のイスラエルでは農家の長男は農家を継ぐのがしきたりでした。それで、父にはいろいろと夢があったのに、断念せざるをえませんでした。そして決定的だったのは父の正義感の強さだったようです。ほとんどの人が見て見ぬふりをしていたモシャブの役人の汚職に黙っていられず、また、意味もない戦争で人が死ぬことに耐えられなかったのでしょう。

ロゼンさんの本には、父の知り合いの言葉として、いずれ自分の子どもも入隊し、はじめから避けられた戦争で殺されるかもしれないこと、命の価値を下げる戦争で殺されるかもしれないことに耐えられない「デリカシー」が父の死の理由だという証言が記されています。

妹のシャーリーは、わたしたちユダヤ人のアラブ人への仕打ちに対して、「推測だけど、父は、いずれツケを支払わされる時が来ると気づいていた気がする」と言っていました。

被害者意識と表裏一体の選民意識

イスラエルでは、毎年5月頃（ユダヤ暦によるので不定）に「戦争とテロで亡くなった人たちの追悼記念日」があります。

その日は、朝から全国各地の墓地の軍人戦没者の区画で慰霊の儀式があります。

午前11時、サイレンが鳴ると、独立戦争（第1次中東戦争）やその後のいくつもの戦争、そしてテロの犠牲者に対し、全国一斉に2分間の黙禱《もくとう》を捧《ささ》げます。バスに乗っていてもバスは停《と》まり、乗客はバスの中で起立し、運転手はバスから降りて黙禱します。交差点でも人々は自動車を停め、車の外に出て黙禱します。その光景はまさに圧巻です。

その日の夜、全国各地で追悼の儀式が開かれ、わたしたちのモシャブでも行われます。

夜7時頃、モシャブの公民館前の広場に１０００人くらいの村人が集まると、掲げられていたイスラエル国旗が半旗にされます。

半旗の前には、２人の中学生、もしくは高校生の男女1人ずつが30分交代くらいで手に銃を持って立ちます。「国旗を守る」、つまり「国を守る」という象徴的な行為です。わたしも立ったことがあります。その時の誇らしい気持ちは忘れられません。「自分も国の役に立っているんだ」という打ち震えるような喜びがありました。

儀式では、これまでに亡くなった人々を悼む歌が歌われ、戦争とテロで亡くなったわたしたちモシャブの人々の名前が次々に読み上げられます。現在は累計で50人くらいです。

今は、名前を読み上げる際にその人の顔写真と享年を映像で流していますが、わたしが子どもの頃は戦没者の写真は公民館の一室に飾られていました。その部屋に入ると、子どもも心に何か厳《おごそ》かなものを感じたものです。そして、「犠牲者の上に、今わたしたちがここにいる。この人たちの死を決してムダにしてはならない。今度はわたしたちが国を守るために戦うぞ」という気持ちが自然に湧き上がってきました。「今度はわたしたちが平和のためにアラブ諸国と仲良くしよう」などとは考えたこともありません。

最後にイスラエル国歌『ハティクヴァ』[*7]（ヘブライ語で「希望」の意）をみんなで歌います。日本語に訳すと次の通りです。

心の中に宿っている

ユダヤ人の魂
東の彼方《かなた》に
目はシオンを目指している
我らの希望、失われず
2000年の希望とは
自由の民として生きること
シオンとエルサレムの地において

「戦争とテロで亡くなった人たちの追悼記念日」の翌日は、独立記念日でイスラエル軍のパレードがあります。戦車、装甲車、ミサイル、大砲、兵士たちの一糸乱れぬ行進。空にはイスラエル空軍自慢の戦闘機の編隊が飛びます。[*8] もう子どもも心に大興奮したものです。

このような独立記念日とその前日の儀式の他、イスラエルにはユダヤ教のさまざまな祭日がありますが、それらも「強い軍隊を持たなければならない」「軍隊があってこそわたしたちは安全な生活ができる」という意識を強めています。

春には「ペサハ（過越祭《すぎこしのまつり》）」と呼ばれる出エジプトを祝い、その苦難を忘れないためのお祭りがあります。預言者モーセが、エジプトで奴隷として苦しんでいたユダヤ人を引き連れて紀元前13世紀頃にエジプトを脱出したという有名な旧約聖書の記述に基づくお祭りです。エジプト人はわたしたちを奴隷扱いしました。だがわたしたちは頑張り、神様がイスラエルの地に戻してくれ、自由な民族になれたことを感謝します、という「自由のお祭り」です。

しかし、テロを警戒し、パレスチナ自治区のヨルダン川西岸地区に住む約325万人のパレスチナ人には「ペサハ」前後の3日間ほどは完全封鎖令が出されます。同じパレスチナ自治区の約220万人が暮らすガザ地区は、普段からほぼ封鎖状態で、急病人などしか検問所の外に出られませんが、ペサハの期間中はその検問所も封鎖されます。パレスチナ人の自由を奪った上でのユダヤ人の「自由のお祭り」なのです。他のユダヤ教の祭日やイスラエルの記念日でも、パレスチナ人には完全封鎖令が出されます。

また、12月には「ハヌカ」のお祭りがあります。このお祭りでは、ギリシア人に弾圧されていたユダヤ人がついに反乱を決意して強力なギリシア軍に勝利し、紀元前165年にエルサレム神殿を奪還し、解放したことを祝います。ギリシア人はわたしたちの文化を破壊しようとしたが、ここでもわたしたちは頑張り、神様が守ってくれた、ということを心に刻みます。

要するに、このような行事を通して、歴史的にわたしたちユダヤ人はいつも虐げられてきたが、辛抱強く頑張り、最後は神様が助けてくれるという意識がつくられていきます。極めて強烈な被害者意識と、極めて強烈な「神様に選ばれた民族」（ヘブライ語でHaAm Hanivchar）という選民意識が表裏一体になっているのです。

そして、あのナチス・ドイツのホロコーストによる６００万人ものユダヤ人の大虐殺が決定的で、学校でも繰り返しホロコーストの事実は教えられます。この民族的な受難に耐えてつくられたイスラエルは、神様に選ばれた特別な国という意識が形成されていきます。

「国のために死ぬのはすばらしい」と洗脳

イスラエルには、日本のような同調圧力や忖度《そんたく》はほとんどありません。日本の戦前・戦中の学校教育は、教員が子どもたちに天皇のために死ねと説くことにつながる教育勅語を暗唱させることなどを通して「上から」教え込む教育だったと聞きます。

イスラエルの教育はそのような「洗脳」教育ではありません。小学生でも国政選挙になると右派と左派に分かれ、「あなたはどう思う？」などと政治問題について議論します。

また、現在の日本の学校の問題点としてよく指摘される無意味な校則で子どもたちを縛ったり、教員による体罰とか、教員が授業で政治的な発言をすると校長や教育委員会、政治家からとがめられたりするというようなこともありません（ただし、最近はイスラエルも政権がどんどん右傾化し、教員は学校で国策を批判しづらくなっています）。

イスラエルでは誰もが自由な教育を受けたと思っています。しかし、これが不思議なことに、気がつくと18歳で高校を卒業する頃には、ほとんどみんな徴兵に応じるのは当然だと考え、進んで軍隊に入ります。「そういうもの」だと思うのです。戦争以外に平和という選択肢があるのに、そうは考えられません。一見「洗脳」教育ではないのですが、結局は「愛国者」が育成される環境が整えられ、プログラムが組まれているのです。

たとえばどの小学校、中学校、高校にも卒業生の戦死者の顕彰碑があります。国のために命を捧げたことは学校をあげて讃《たた》えられます。子どもたちは空いているスペースを指して、死んだらここに自分の名前を入れてもらおうとブラック・ジョークを語り合います。

また多くの学校では、かつて実戦で使用されていた戦闘機や大砲が飾られています。毎日それを見て、わたしたちは「カッコいいなあ」と軍隊への憧れを強め、「軍隊のおかげで安心して眠れるんだ」と感謝し、「わたしたちも将来は軍隊に入って恩返しをしよう」

と考えるようになります。この戦闘機や大砲を見て、「こんなもののせいでパレスチナの子どもたちは眠れないんだ」と想像する子はまずいません。

学校行事のプログラムも愛国的です。毎年5月頃には「ラグバオメル」というユダヤ教の祭日があります。クラスごとに砂浜に集まり、鳩《はと》を丸焼きにしてみんなで食べます。その焚火《たきび》で、カカシ大の人形を燃やすのですが、それを指してわたしたちは「あれはヒトラーだ」「あれはナセルだ」とみんなでののしるのです。

ナセルとはエジプトの大統領（在任1956〜70年）だったガマール・ナセルのことです。当時、わたしたちはエジプトとの和平は不可能だと教えられていました。しかし、その後、イスラエルのメナヘム・ベギン首相はエジプトのアンワル・サダト大統領と、1978年にアメリカのジミー・カーター大統領の仲介でキャンプ・デービッド合意を締結、同年ベギン首相とサダト大統領はノーベル平和賞を受賞します。

そして翌79年、イスラエルはエジプトと平和条約を結び、シナイ半島を返還しました。

しかし、その平和条約を結んだエジプトのサダト大統領は、1981年にイスラム復興主義過激派のジハード団に所属する兵士によって暗殺されてしまうのですが……。

それから、わたしの小学校時代には「テルハイの日」という学校行事もありました。その際に教師から聞くのが「マサダとテルハイの教訓」です。

ユダヤ人は、自分たちをイスラエルから追い出そうとしたローマ軍に抵抗を続けましたが、西暦73年にイスラエル東部のマサダで集団自決しました。この史実をもとに、「ユダヤ人は、たとえ自殺しても敵に降伏しない」と繰り返し教え込まれました。

1920年、ヨーロッパから移民してきたユダヤ人がイスラエル北部テルハイのアラブ人の土地に入植し、戦争になり、指導者のヨセフ・トルンペルドールが戦死しました。死ぬ間際に彼は、「国のために死ぬのはすばらしい」と言ったとされます。

「テルハイの日」当日、教室に黒板ほどの大きさの横断幕を掲げるのですが、その幕に書かれるのが、「国のために死ぬのはすばらしい」という文句です。学校は、本当は「生きるのはすばらしい」と教えるべきなのに。

トルンペルドールはイスラエル建国に先鞭《せんべん》をつけた「建国の獅子《しし》」と讃えられ、テルハイには吠《ほ》えるライオンの像が建てられました。その像には、「国のために死ぬのはすばらしい」と刻まれています。

1973年の第4次中東戦争で、イスラエルのある部隊がエジプト軍の捕虜になってしまいました。その時、「何という裏切りだ」とイスラエル中が激高しました。わたしも、

「何で最後まで戦わないんだ」と怒りがおさまりませんでした。この第4次中東戦争では、わたしの家族と親戚以上のつきあいのある人の息子が、パイロットとしてF4戦闘機に乗っていてエジプト上空で撃墜され、戦死しています。

イスラエルの学校では最近は、「ラグバオメル」も「テルハイの日」の行事も行われていないようです。そんなことをしなくても、みんな十分愛国者に育ち、進んで徴兵に応じるので、やる必要がなくなったからかもしれません。

軍隊への憧れをかきたてる「平和教育」

歴史の授業では、どの戦争でどこを領土にしたかとかイスラエル軍の死者は何人だったかを暗記させられます。しかし、どこのパレスチナ人の町を破壊して奪ったかとか、パレスチナ（アラブ）側の死者数は教えません。無視です。

たとえば、第1次中東戦争のイスラエル側の死者数は6373人[*9]と確定しているのに対し、アラブ側の死者数は1万人とも1万7000人とも言われ、正確には不明です。

パレスチナ・イスラエル紛争史、人権問題の研究者であるイスラエルの女性ノガ・カドマン（Noga Kadman）の*"Erased from Space and Consciousness"*（『空間と意識からの消去』[*10]）

という本によれば、第1次中東戦争で418のアラブ人の村々が破壊され、60~76万人もの人々が故郷を追われて難民になり、周辺各国をはじめ世界中に離散しました。かつてユダヤ人がやられたことを今度はユダヤ人がパレスチナ人に対してしたのです。パレスチナ（アラブ）側は、これを「ナクバ」（破局・災厄）と呼んでいます。

また、先ほど述べた第3次中東戦争で、イスラエルは占領した地域に住む300万人以上のパレスチナ人に対して南アフリカのような人種隔離政策をとりました。

しかし、学校の教師たちはそんなことは一言も教えず、「この戦争によってイスラエルは旧約聖書で約束された土地に戻れた」と説明しました。教師たちはどのようにして戦争が起きたかは教えましたが、どうしたら次の戦争を防げるかについては語りませんでした。

わたしが小学校時代に学んだ地図では、1967年の第3次中東戦争で占領したヨルダン川西岸地区、ガザ地区、ゴラン高原、シナイ半島などには国境線が引かれていました。

しかし、近年のイスラエルの教育省や外務省が作成した地図では国境線が消えているのです。イスラエルは国をあげてパレスチナ人の土地などないという既成事実を作り、子どもたちにも教えています。

歴史を教えられず、徴兵で初めてヨルダン川西岸地区に派兵されたイスラエル軍の兵士は、「何でユダヤ人の土地にパレスチナ人が住んでいるんだ?」と疑問を持ちます。それどころか、「パレスチナ人がわたしたちの土地を奪った。パレスチナ人をやっつけよう」という全く歴史的な事実を逆立ちさせた意識になっていくのです。

イスラエルの公立学校では、旧約聖書を小、中、高と12年間学びます。ただし、公立ですから宗教としてではなく、したがって礼拝はしませんが、ユダヤ民族の歴史や文化として学びます。その中で、イスラエルは神様が約束してくれた土地だということも学びます。パレスチナ人の土地を奪って入植地をつくるのを正当化する根拠として、よく引かれるのは次の言葉です(「創世記」15章18~21節／新共同訳)。

その日、主はアブラムと契約を結んで言われた。「あなたの子孫にこの土地を与える。エジプトの川から大河ユーフラテスに至るまで、カイン人、ケナズ人、カドモニ人、ヘト人、ペリジ人、レファイム人、アモリ人、カナン人、ギルガシ人、エブス人の土地を与える。」

このような文句を小学校低学年から暗記させせられました。わたしは今でもそらんじることができます。熱心な信徒ではなくてもみんな知っているし、信じています。それが「大義名分」になり、そこからパレスチナ人を追い出すのは当然だという理屈になるのですが、これはパレスチナ人側から見ればとんでもない理屈です。

この独善性は、近隣諸国を見下すことにもつながります。イスラエル人の多くは近隣アラブ諸国を見下しています。イスラエル人には、「良いアラブ人は死んでいるアラブ人」「エジプト人はラクダくらい扱えるかもしれないが、戦闘機は飛ばせない」などと侮蔑的なことを言う人が少なくありません。「パレスチナ人は人間じゃない」とまで言うユダヤ教の信徒もいます。神が一番上で、次がユダヤ人。その他どの民族もみなユダヤ人より下で、そこにパレスチナ人も入っているという極めて差別的な考えです。

わたしたちは「平和教育」を受けたと固く信じていました。ただし、「絶対に戦争をしない」という意味での平和教育ではなく、「平和は大切だ。そのためには力（抑止力）が必要だ」ということを疑わせないという意味での「平和教育」です。

わたしたちは学校で数多くの平和を望む歌を習い、歌いましたし、教師や親は「もちろんわたしたちは平和を望んでいる」と言います。しかし、その後、必ず「彼ら（アラブ人）も望めば平和になる」と続くのです。自分たちはいつも平和を望んでいるが、アラブ（パレスチナ）側が望まないから平和にならないというわけです。

「隣がスイス人なら平和は簡単。でもアラブ人では無理」などと教師が言うのです。その他、よく聞くスローガンのように語られる文句には次のようなものがあります。

「わたしたちは対話を望んでいるが、向こうは対話ができない」

「タンゴは2人で踊るものだが、向こうは踊りたくない」

このように、いつも悪いのは彼ら。わたしたちは善、彼らは悪という言い分を教師や親などからよく聞きました。そして、自然にわたしもそう考えるようになっていきました。

それから、

「アラブ人にはたくさんの住む国があるが、わたしたちには1つしかない」

「すべてのアラブ人がわたしたちをイスラエルから追い出そうとしている」

「2000年前に神様がわたしたちにこの地を約束した。だから、パレスチナ人はここから出て行くか、領土は半分で我慢しなさい」

「わたしたちは国の半分を与えたのに、パレスチナ人が戦争を選んだ」

さらに、前出のイスラエルの元首相・外相のゴルダ・メイアからしてこう言っています。

「アラブ人が今日武器を棄《す》てれば、（イスラエルは攻撃しないので）これ以上の暴力はなくなるでしょう。ユダヤ人が今日武器を棄てれば、(アラブ人の攻撃で)イスラエルはもはや存在しなくなるでしょう」[*11]

わたしがイスラエルに向けてブログで批判を書くと、これらの文句のどれかが必ず返ってきます。わたしたちが受けた「平和教育」とは、実は差別教育だったのです。

また、その「平和教育」は「平和」をつくる軍隊への憧れをかきたてる教育でもありました。学校教育には、兵役に備えて野外活動で重い荷物を背負って砂漠や山を歩き、テントを張って寝たり、食事を作ったりする「軍隊慣らし」の訓練や軍隊見学もあります。

その他、わたしたちの頃にはありませんでしたが、現在は高校生にアウシュヴィッツ見学もさせます。しかし、それは戦争の悲惨さと人間の尊厳の喪失を学ぶのではなく、「悲劇を二度と起こさないために軍事力は大切だ」と思い込ませるためです。

修学旅行は、徒歩で戦跡をめぐり、どんなに壮絶な戦いがあり、先輩たちがいかに勇敢に戦ったか、そこで何人死んだかを学びます。現役の軍人が説明に来ることもあります。

戦跡めぐりは小学校でも行われます。わたしの叔母がわたしの小学校4、5年生の時の担任だったのですが、その学校に彼女が記念に書いた思い出が、プレートに入れて飾ってあります。その一節には、「わたしの生徒とイスラエルの国を歩き、彼らに愛国心とさまざまな戦いの伝説を伝えました」とあります。

こうして「先輩たちは自分たちのために頑張ってくれた。今度は自分たちの番。徴兵期間は国のために目いっぱい頑張ろう」という気持ちになっていくのです。それは、誰からも強制されない、命令されない、自然に生まれる気持ちだ、とわたしは信じていました。「早く軍隊に行きたくて行きたくてしょうがない」とまで思い詰めていました。

空軍パイロットの適性検査は高校2年生から始まります。わたしは見事にパスしました。自殺した父は予備役では陸軍砲兵部隊でしたが、徴兵時代はやはり空軍パイロット志望で、養成学校の第1期生でした。が、結局パイロットにはなれず、爆撃機から爆弾を落とす爆撃手として第1次中東戦争（1948〜49年）に従軍しました。

ですから、わたしがパイロット養成学校に入れた時、家族からは「これでやっと家族の夢がかなう」と大いに期待されたものです。

母は、「おめでとう、頑張ってね」と言いました。自分の子どもが戦場で死ぬかもしれないのに「おめでとう」と本当に言ったのか、と疑問に思う読者もいるかもしれません。

しかし、母も徴兵期間は陸軍部隊で電話交換手をしていましたから、軍隊の内情をある程度は知っています。また、イスラエル軍の兵士で戦死する人はパレスチナ（アラブ）人に比べれば圧倒的に少なく、これが「正常性バイアス」なのか、まさか自分の子が戦死するとは思わない、思いたくないのです。何より軍隊に入って国に尽くすのはすばらしいことだと本気で信じています。

本物のパイロットになるには、まだ何回もの実技試験があるのですが、「自分は通過できる」という自信に満ち、1975年、わたしは18歳で志望通りに空軍に入隊しました。

より良い軍隊をつくるための宗教

入隊時には軍隊仕様の旧約聖書が配布されました。日本ではユダヤ人はみな熱心にユダヤ教を信仰していると思っている人が多いかもしれませんが、イスラエルでユダヤ教を熱心に信仰している人は全人口の3割以下と言われています。わたしも信仰は持っていませんし、父も母も信徒ではありませんでした。

しかし、軍隊では、ユダヤ教の戒律が重視されています。食事は戒律を守った食べ物「カシェル」しか食べられません。ユダヤ教にはいくつもの戒律があり、食に関してもたくさんあります。たとえば、旧約聖書の「出エジプト記」には、「あなたは子山羊《こやぎ》をその母の乳で煮てはならない」(23章19節他/新共同訳)とあります。その理由はいくつかの説がありますが、「残酷だから」と理解している人が多いようです。

そこから「肉料理と乳製品を一緒に食してはいけない」と解釈されるようになりました。だから、たとえばチーズバーガーは牛肉のパテの上に乳製品であるチーズを載せているので、厳格なユダヤ教徒は食べません。

イスラエル軍では、食器も肉製品用と乳製品用に分けられていて、肉を使った料理の食器は赤印、乳製品を使った料理の食器は青印で区別され、混ざらないようにしています。調理室には、「カシェル」が守られているかどうかを確認する監視人まで配置されています。

また、どの基地にもユダヤ教の教会があり、宗教指導者であるラビがいます。ラビが武器をとって戦うことはありませんが、従軍し、祈ります。軍全体にはラビ総長がいます。

軍隊仕様の旧約聖書は、内容は市販されているものと同じですが、ラビ総長の言葉が記されています。わたしの手元にある軍隊仕様の旧約聖書には、アビハイ・ロンツキ(Avichai Rontzki)というラビ総長の次のようなメッセージが収録されています。

「戦争をしたとしても、その最終目的は世界平和です」

戦争によって、つまり人を殺して世界平和を実現するという矛盾が堂々と説かれています。当時のわたしは、これを矛盾とも思わず、信じ込んでいました。

また、「旧約聖書を読むことでユダヤ教の源を学び、このことによってより良い民族、より良い軍隊をつくれるようになります」とも書かれています。「より良い軍隊をつくるための宗教」とは、一体何なのでしょうか。

旧約聖書には「十戒」もあり、そこには、「殺してはならない」という戒律があることはよく知られていますね。人類が共存し、生き延びていくために、こちらの極めて重要な戒律が守られず、前述の「あなたは子山羊をその母の乳で煮てはならない」というどうでもいいような戒律が重視されているのです。ラビは「戦争反対」とは絶対に言いません。

旧約聖書には、たとえば「主はモーセに仰せになった。『イスラエルの人々がミディアン人から受けた仕打ちに報復しなさい』」(「民数記」31章1、2節/新共同訳)「彼(兵)らは、主がモーセに命じられたとおり、ミディアン人と戦い、男子を皆殺しにした」(カッコ内筆者。「民数記」31章7節/同前)というように、報復や殺人を肯定する記述がいくつもあります。これらから、長年の解釈によって「正当防衛の殺人は許される」と解されるようになりました。

ですから、イスラエル軍は、正式にはイスラエル国防軍(Israel Defense Forces)と言います。しかし、イスラエル軍は「Defense」（防衛）のための軍隊のはずなのに、パレスチナ人やアラブ諸国を攻撃しています。

日本の自衛隊も英語ではJapan Self-Defense Forcesと表記しますね。日本国憲法9条には、「陸海空軍その他の戦力は、これを保持しない。国の交戦権は、これを認めない」とあります。これを素直に読めば、自衛隊は違憲です。

ところが、日本の政府は解釈によって「戦力」とは、「自衛のための必要最小限度の実力を超えるもの」だとし、自衛隊が保持するのは「戦力」ではないから憲法違反ではないと言い張ります。軍事費（防衛費）はどんどん増大し、世界でも先端的な兵器類を保有していますが、それでも「専守防衛」なら憲法違反ではないという解釈で正当化してきました。そして、今やついに「敵基地攻撃能力」も必要最小限であり「専守防衛」と矛盾しないという解釈で正当化していますね。

イスラエル軍も自衛隊も、ご都合主義的な解釈で殺人を肯定する点でよく似ています。

最後に頼れるのは「論理的に考える」こと

そのようなイスラエル軍のご都合主義に気づくのは、しかし、ずっと後になってからで、当時のわたしは軍隊生活に夢をふくらませていました。

憧れの軍隊生活が始まりました。軍服を着て、髪の毛は短髪の「軍隊カット」。起床から就寝まで分刻みのスケジュールを送ります。休日は2〜3週間に1回の週末のみ。

上官の命令には絶対服従ですが、イスラエル軍には旧日本軍の「新兵いびり」や鉄拳制裁などはほとんどありません。ただし差別はあります。イスラエルでは西欧、ロシア、ポーランドなどからの移民を、「アシュケナジィーム」と呼び、ブルガリアやユーゴスラビアやイラン、イラク、イエメン、モロッコなどからの移民を「スファラディーム」と呼びます。医師、大学教授、弁護士などには圧倒的にアシュケナジィームが多く、スファラディームはきつくて低賃金の仕事につく人が多いなど差別されています。

ちなみに、イスラエルには宗教をどう位置づけるかで合意できず、憲法がありません。その代わりになっているのが基本法や独立宣言です。独立宣言には「すべての住民の社会的、政治的諸権利の完全な平等を保証」と書かれているのですが、実態は全く違います。

そして、軍隊内にも差別があります。たとえば、指揮官はアシュケナジィームが多く、兵卒はスファラディームが多数です。

空軍では入隊後、数カ月で「オープン軍隊」があります。日本の学校の授業参観のようなもので、父母が自分の子どものいる部隊の訓練の様子を見学に来るのです。

その際、教官は「イスラエル軍は世界一ヒューマンな軍隊です」と宣伝します。「一般市民は殺しません」「爆弾を落とす前には事前に避難するよう予告しています」等々。これらは、大嘘《おおうそ》であることを、後年、わたしは知ることになります。

イスラエル軍では、どうしても従えない命令には従わなくてよいという「抗命権」も一応は認められています。が、実際に「抗命権」が行使されることはまずありません。

自閉症の人など精神的な障がいのある人も受け入れる部隊があり、障がいのある人が軍隊に入ったことが、「美談」としてニュースになったりします。

また、外国に住んでいるユダヤ人が、イスラエルの力になりたいとわざわざ移民し、軍隊に入るケースも少なくありません。

わたしの頃のパイロット養成学校の1年間は、4カ月ごとに3分割されていました。最初の4カ月は操縦法の机上学習の他、気象や数学、物理の勉強もあります。それからプロペラ機による適性検査です。この段階で約600人の候補生の半数近くが落とされます。

次の4カ月は、敵の攻撃で戦闘機が不時着したり、撃墜されてパラシュートで脱出し、敵の領土から徒歩で帰還する場合を想定し、砂漠を昼間と夜間に歩くサバイバル訓練が行われます。その一環として小銃訓練も行われます。旧日本軍のような中国人捕虜を刺突する訓練とか、藁《わら》人形を突き刺す訓練はありませんでした。敵を殺すことについては「かわいそうだ」とは思いましたが、それよりも「国を守るためには仕方がない」「何としてでも国を守る」という愛国心のほうが勝っていましたね。

さらに次の4カ月がいよいよジェット機の操縦訓練です。最初は2人乗りジェット機に教官と乗り、20回ほど飛び、その後1人で操縦します。

ジェット機に乗る前には100頁ほどのマニュアルをすべて暗記しなければなりません。その最後の頁は、夜間飛行で全電源が故障し、非常事態が発生した場合についてです。

「周りをよく見てください。あなたは1人です。あなたの状況を知っている人はいません。だから論理的に考えてください」

これだけです。どうすべきかという具体的な手順は何

パイロット養成学校時代のわたし

も書いてありません。拍子抜けしました。でも、今から考えると、全電源が失われているわけですから、その場で自力で何とかするしかないわけです。最後に頼れるのは自分だけ。それも論理的に考えられるか否かだと、後年わたしは痛感するようになります。

初めての単独飛行は、ひどく緊張したのをおぼえています。

飛ぶ前に、暗記したマニュアル通りにジェット機の各部位を念入りに点検しました。それからジェット機に乗り込み、エンジンに点火です。すべてのメーターを確認、滑走路に向けてゆっくりと走り出します。

滑走路の起点でエンジンの出力を上げて、助走に入ります。時速180㎞に達した時点で操縦桿《そうじゅうかん》を引くと、機体がふわりと浮き、高度500mまで上昇し続けます。

そこからは、同じ高さを維持したまま基地を一周、高度を下げ、着陸態勢に入ることになっていました。

しかし、高度が下がりません。「どうしよう」。頭が一瞬、真っ白になりました。

その時、管制塔にいる教官から無線機で命令がありました。

「出力を下げろ!」

わたしは興奮のあまり、出力を下げるという基本中の基本を忘れていたのでした。あわてて出力を下げ、何とか無事着陸できました。その間、時間にすればわずか30秒くらいだったでしょうか。が、はるかに長く感じました。

戦闘機を駐機場に止めて、ハッチを開けて「やれやれ」と地上に降り立った瞬間、いきなり同期生からホースで水をかけられました。仲間たちからの「祝福」でした。イスラエル空軍の伝統です。

訓練中にパニックになったわたしを救ってくれたあの教官は、数年後、海上での飛行訓練中に事故死してしまいました。

軍人をつくる教育

その後、教官と一緒に飛行しては新しい技術をおぼえ、単独飛行で身につけていく訓練を繰り返しました。トータルで教官同乗で60回、単独で20回飛びました。

教官が同乗する回は、毎回適性テストも兼ねています。これによって、パイロット候補生は少しずつふるいにかけられていきます。わたしは終盤まで残りました。パイロットになれるという自信が日々深まっていきました。

しかし、あるテストを通過できず、結局、パイロットにはなれませんでした。

わたしの後に落とされたのは1人だけ。同期生でパイロットになれたのは候補生600人のうちわずか20人です。

彼らの所属していた部隊は、第1次レバノン戦争（1982年）、第2次レバノン戦争（2006年）などに参戦し、ベイルートに大量の爆弾を落としました。

わたしの同期生に戦死者はいません。しかし、第1次レバノン戦争でシリアの対空ミサイルで撃墜され、パラシュートで脱出したものの捕らえられ、シリアの刑務所に入れられて2年後に釈放されたパイロットがいます。

他に、わたしの同期生には、2008年のガザ侵攻時の空軍トップだった司令官のイド・ネホシュタン（Ido Nehushtan）がいます。この侵攻で、イスラエル軍はガザ地区とヨルダン川西岸で18歳未満の345人もの子どもを含む1398人のパレスチナ人を殺しました。[*12] 空軍は何千トンもの爆弾を投下したのですが、その重大な責任は彼にもあります。

退役後、彼は武器売買もするイスラエル・ボーイング社の社長に天下りました。

今、わたしはパイロットになれなくて本当に良かったと思っています。大量殺戮に加担せずに済みましたから。

しかし、当時のわたしは小さい頃からの憧れだったパイロットになれなかったことがすごくショックで、休日にモシャブに戻るのが恥ずかしくて、嫌で嫌で……。
しばらく、失意のどん底に沈んでいました。

その後、空軍のレーダー部隊に転属になりました。パイロット養成学校は、命令と服従の窮屈な世界でしたが、レーダー部隊は空軍だけでなく、陸軍や海軍にも彼らがどこにいるのかという位置情報を教えたり、彼らと協働して作戦を立てたり、訓練したりします。その際には、自由に自分の意見が言え、判断や創意工夫を活《い》かせる余地があり、わたしはやりがいを感じました。失意のわたしは、ここでようやく自信を取り戻しました。

しかし、パイロットになれずに失った自信をレーダー部隊で取り戻すというのは、結局は当時のわたしが軍隊が何よりも大切だという価値観に縛られていたからです。

今ふり返ると、18～21歳という人生の考え方の土台をつくる極めて重要な時期に、若者が徴兵で軍隊生活を送らなければならないのは非常に危険です。最終的に頼りになるのは軍隊だ、問題は武力によって解決ができるという「力への信仰」ができてしまいます。イスラエルでは軍があがめられていて、カルト宗教のようだと思うことがあります。ですから、軍隊を疑い、軍隊に頼らずにどうしたら平和になるかを想像し、それを創造しようとする力が育ちません。

２０２３年1月5日、イスラエルでは有名な詩人のドリット・ツァメレットが死去しました。80歳でした。原因は分かっていません。

彼女は１９７３年の第４次中東戦争で「ベート・ハシタ」（Beit Hashita）という名の１０００人くらいのキブツの11人が死亡した悲しみを歌った歌の歌詞『小麦はまた育つ』を書いたことで有名です。

〽キブツはいつもと同じだけれど、あなたは戻らない。小麦は今まで通り今年も育つ。という歌詞の一節はイスラエルでは、よく知られています。

この第４次中東戦争では、イスラエルは２６８８人もの死者を出し[*13]、あと一歩で核を使うところまで追い詰められたことを米タイム誌[*14]が明らかにしました。当時の人口は３３０万人ほどですが、日本より横のつながりが強いイスラエルで２０００人以上の死者というのは知っている人の１人か２人は死んでいるほどの被害で、国民に深刻なトラウマ（心の傷）を与えました。特にキブツは家族のような共同体ですから、その人たちの悲しみは痛切です。

そのツァメレットは、２０１９年5月12日のイスラエルの「Haaretz」[*15]（ハアレツ紙。ヘブライ語で「土地」の意）に下記のような趣旨の記事を寄稿しています。

「みんながわたしの歌を歌っているけれど、結局、第4次中東戦争の心の傷の受け止め方が軽すぎた。あんなトラウマがあったのに、イスラエルは平和の道を探さなかった。軍隊をあがめて軍人を作り続けた。学校同士でどこが最前線の部隊に多く行くかを競っている。心の傷を深刻に受け止めて平和への道を探るべきだったのに。イスラエルの国民に『聖なる戦争』と思わせ、反対する人たちはどんどん少なくなっている。わたしは今ならこの歌を書かなかった。そういう気持ちにはならないのだ」（一部意訳）。

この記事に出てくるような教育を受けて育つと、平和を求めようとは考えられなくなり、それどころか平和は実現できると考え、行動する人たちを冷笑し、嘲《あざけ》るようになります。

学校と軍隊を通じて「国のために死ぬのはすばらしい」と思い込むわたしのような国民をつくりあげた国の教育の罪は、非常に重いと思います。

第2章　軍隊を疑う

武器に頼るとキリがない

兵役を終えると、イスラエルの若者の多くは、数カ月から数年間の「退役旅」に出ます。それまでの軍隊の窮屈な生活から解放されたいと願うのは、自然でしょう。

わたしも旅に出るため21歳の1年間、バラなどの花を育てる温室づくりのアルバイトをしました。バイトがない時は自分のうちの畑を手伝います。先に兵役を終えた兄のギルもモシャブに戻り、うちの畑で農業に従事していました。

沖縄のような気温のイスラエルでは、農民の多くは昼寝をします。ある日の昼寝後、わたしは兄のギルとトラクターに乗り、畑に向かう途中で兄と議論になりました。

イスラエル軍は、当時も今も毎週のように新しい高性能の戦車や戦闘機などを買ったことを宣伝しています。「次の戦争はこれで絶対に勝てます」「敵はこの新兵器に恐れをなすでしょう」などと。しかもそれらはとんでもなく高価です。その頃、イスラエルが開発した初の国産戦車「メルカバ」は当時の円に換算すると1億5000万円ほどでした。わたしが1年間働いて貯《た》めた旅費が同様の円換算で約200万円です。何だか空しくて、バカバカしくなりました。

そこで、わたしはギルに疑問をぶつけました。

――より高性能の武器、さらに高性能の武器と、武器に頼るとキリがないよ。しかも国の莫大《ばくだい》な予算も使うし。こんなことを永遠に続けていいんだろうか。

ギルは、馬鹿にしたように返しました。

「じゃ、ダニーは軍隊をなくせばいいと思ってるの？　それでイスラエルが生き残れるの？」

――今すぐ軍隊をなくすことはできないけど、軍隊に頼っていると終わりがないでしょ。あのエジプトとだってこの間（1979年3月に）平和条約を結んだじゃない。エジプトとの平和条約なんてありえないって言われてたのに。他のアラブの国とも平和条約を結ぶようにしていくべきだよ。

「平和はそんなに単純じゃないよ」

この時の兄との議論は、この程度で終わりました。ただこの頃から「軍隊は常に敵より強力な武器を持たなければ勝てないから莫大な国家予算を使い続けることになる。そんなことをいつまでも続けられるのだろうか。何よりアラブ人にもイスラエル人にも膨大な死者が出るのに」というわたしの疑問は、だんだんふくらんでいきました。

イスラエルは今や世界屈指の軍事力を誇るようになり、公式には認めていませんが、前述のように核まで持っています。ひとたび戦力を認め、軍隊を認めれば、いずれは核を持つところまで行ってしまうのが軍隊の本質だとわたしは考えるようになりました。ただ、この時点では、まだわたしは兄が言うようにやはりイスラエルには軍隊は必要だとも思っていました。

ナチズムに引きずられていくイスラエル

1年間のアルバイトで資金を貯め、半年から1年のつもりでアジア放浪の旅に出ました。帰国後に大学に行くことは考えていませんでした。大学名で自分を判断されたくなかったし、わたしの周りの大学へ行った人たちは教わったことは正しいと信じ込み、論理的に考えたり、疑ったりする力が弱くなっているように見えましたから。

それより、帰国したらイスラエル人の入植地の新しいモシャブ作りに参加し、農業をやるつもりでした。そのほうが国に尽くすことができるし、楽しいと考えていたのです。

ギリシャ、タイ、香港を経て、初めて日本に来たのは1979年10月です。ヒッチハイクで全国を回り、親切な運転手に食事をご馳走してもらったり泊めてもらったり。わずか3000円で1カ月の旅ができました。

その後、フィリピン、タイを経て、楽しかった思い出の日本を翌1980年6月に再訪。日本語を理解し、深く日本を知るため、今度は都内の日本語学校に通いました。週末は世田谷区下北沢のスパゲティー屋でアルバイトをしていたのですが、階下のとんかつ屋でアルバイトをしていた吉川かほると出会います。

かほるは、高校時代に学校の図書室で見たある本の表紙に引き付けられたそうです。

それは、確かNHK取材班による本で、エルサレムの嘆きの壁の前で、黒い山高帽をかぶり、黒いコートに長いヒゲの人や、小さい帽子のようなものを頭に載せた不思議な装束の人たちが壁に向かって祈っている何か神秘的な写真でした。それから、かほるは古代にローマに滅ぼされて以降、世界中に離散したけれども再結集して新しくイスラエルを建国したユダヤ人の歴史に興味を持ち、将来は教師になるつもりで大学ではユダヤ史を学んでいました。そして、最初に出会った外国人がユダヤ人のわたしだったのです。

この「奇跡の出会い」からわたしたちはつき合い始めました。その後、かほるにわたしの家族に会ってもらい、イスラエルを知ってもらうために1982年10月にわたしはかほるを連れて、イスラエルに帰りました。

その直前の同年9月16～18日の間に起きたのが「サブラとシャティーラ虐殺事件」です。レバノンの親イスラエルのキリスト教右派民兵が、ベイルートのサブラ地区と近くにあったシャティーラ難民キャンプに押し入り、パレスチナ難民を大量に虐殺した事件です。

パレスチナ解放機構（PLO）は、イスラエル建国で難民となったパレスチナ人によるイスラエル闘争の統合組織ですが、本部は当時レバノンにありました。イスラエルはPLOを追い出すため、1982年6月6日、レバノンに侵攻（第1次レバノン戦争）します。その後、イスラエルと気脈を通じていたキリスト教右派のバシール・ジェマイエルが、レバノン大統領に選出され、PLOはチュニジアのチュニスに移らざるをえなくなります。

しかし同年9月14日、ジェマイエルは何者かに暗殺されてしまいます。イスラエルはPLOの犯行だと見なします。そして、憤慨したキリスト教右派民兵が報復のため引き起こしたのがこの事件です。後日、ジェマイエル殺害容疑で逮捕・起訴され有罪となった犯人は、PLOとは関係のないシリア社会民族党の党員でした。

この「サブラとシャティーラ虐殺事件」に、イスラエル軍自体は直接手をくだしてはいません。が、夜間照明弾を発射するなどして協力しました。虐殺は3日間におよび、殺害された正確な人数は分かっていませんが、数百人から3000人台までの説があります。

同年12月、国連総会はこの事件を「ジェノサイド」として非難する決議を反対なしの123カ国の賛成多数で可決しました（イスラエルは棄権）。「ジェノサイド」とは、ジェノサイド条約に規定された国民的、人種的、民族的または宗教的集団を、全部または一部破壊する意図をもって行われた集団殺害のことです。ナチスによるホロコーストは、典型的なジェノサイドです。ナチスがやったようなことを、イスラエルが手助けしたのです。

イスラエル国内でも虐殺を止めなかった軍への批判が高まり、その頃の人口は400万人ほどだったのですが、40万人も集まる大抗議デモが起きました。これは、当時としては最大級のデモです。人口の10％が集まった計算なので、日本にあてはめると1200万人くらいのデモです。東京都の人々全員がデモに参加する規模です。

その結果、メナヘム・ベギン首相とアリエル・シャロン国防相は辞任せざるをえなくなります（ただし、シャロンは2001年には首相になってしまいますが）。

わたしもその時イスラエルにいれば、当然デモに参加していたでしょう。ただ、他方、相変わらず軍隊は必要だとも思っていました。

この虐殺事件後の1983年12月、イスラエルに帰国していたわたしは予備役（外国居住の場合は免除）のレーダー部隊の一員として、レバノンへ派兵されました。レーダー設置が任務で、レバノンの山の頂上まで幌《ほろ》のないトラックで行ったのですが、道中、どこに敵が潜んでいるか分かりません。それで兵士数人が荷台に背中合わせに2列で乗り込み、警戒のため、トラックの外に銃を向けていました。

「撃たれたら撃て」と上官は命じました。味方が守っているレーダー用の軍用地に着くまで凍り付くように緊張しました。84年も予備役でレーダー部隊に行きました。

1984年の総選挙では、「サブラとシャティーラ虐殺事件」への抗議デモがあれだけ盛り上がったのだから、「レバノンからの部分的撤兵」を主張していた労働党が大勝するだろうと予想されており、わたしもそう思っていました。

けれども、選挙戦でリクード党（右派政党。リクードはヘブライ語で「団結」の意）は、「イスラエル軍がレバノンに駐留しているからこそ、テロ組織からイスラエルにミサイルが飛ばないのだ。労働党はイスラエル北部の人たちのことを何も考えていない」と批判し、これがかなり効きました。総選挙の結果、定数120議席1院制の国会（クネセト）で労働党は第1党にはなったものの44議席にとどまり、リクードは41議席を獲得しました。

そこで、労働党など左派とリクードなどの右派が大連立する挙国一致内閣をつくり、労働党とリクードは交互に首相を出す取引をしました。労働党のシモン・ペレスが最初の2年間、次の2年間はリクードのイツハク・シャミルです。

この選挙では、極右のメイル・カハナが当選します。彼は、1980年に出版した著書（"*Lesikim Beenechem*" 旧約聖書の言葉で「目を突き刺す」の意）[*1]で「人口が増え続けているアラブ人がイスラエルの土地のすべてを要求しない唯一の方法とは、即アラブ人をイスラエルから追放することだ」「ダビデ王がゴリアテの頭を切り取ったように、わたしたちはアラブ人をイスラエルから切り取る必要がある」などと過激な主張をしています。

カハナは、熱心なユダヤ教信者で、極端な「選民思想」の持ち主でした。彼は1932年にアメリカで生まれ、71年にイスラエルに移住したのですが、その9年後に書いたのがこの本です。わずか9年間しかイスラエルに住んでいないのに、代々数百年この土地に住んでいるアラブ（パレスチナ）人を追い出そうという傲慢。この根底には「神様が選ばれた民族にこの土地のすべてを約束した」とする選民思想があります。そして、より問題なのはこのような極端な思想の持ち主を当選させてしまうイスラエル国民の右傾化です。

この時の選挙では、あの「サブラとシャティーラ虐殺事件」のイスラエル軍の参謀総長だったラファエル・エイタンも右翼政党から立候補し、当選しています。彼は選挙前に「国家が何より大事だ。国家と国民の利害が衝突する時、いかなる場合も国民の側が退く必要がある」と発言しています。当時のわたしの日記（1984年7月23日）には、この発言を報じた新聞記事が貼りつけてあります（残念ながら新聞名と日付は記録していませんが、多分日記の数日前）。その記事の下に、わたしは「興奮するたくさんの人たちはこれを肯定している。これはナチズムの始まりと理解せずに」と書き込んでいます。

当時のわたしは、国を守るための軍隊は必要だと考えており、だから予備役にも行ったのですが、それはあくまでも国民を守るためです。しかし、エイタンが言う「国家」とは、軍隊を含む国家権力の利益、ひいては自分の利益なのではないのかと疑いました。

イスラエルが右傾化していくことがひどく不安でした。あのナチズムに辛酸をなめさせられたユダヤ人が創った国が、そのナチズムの方向に引きずられていく。こういう人たちの決定で引き起こされた戦争に行くことなど、わたしは真っ平ごめんです。

しかし、友人たちはさほど深刻に受け止めてはいないようでした。「右傾化した政権にレバノン内戦への従軍を命じられたら、君はどうする」と問うても、「命令があったら行くしかない」「仕方がない」と友人の多くは答えました。「あんな政権のために死ねるのか」とわたしは反発、意見が合わなくなりました。

わたしの親戚にはイスラエルの武器産業で働いている人がいたのですが、その頃、彼と話す機会があり、年来の疑問をぶつけてみました。

——あなたがつくる武器で人が死に、子どもも殺されているのをどう考えているの？

彼は、こう開き直りました。

「世界中の武器メーカーが『もう武器をつくりません』と言ったら、わたしたちもつくらないよ。でも、世界中の軍隊やテロリストは武器を手に入れるためにあらゆる努力をして、結局は手に入れているでしょ。だったら、わたしたちも武器をつくってもうけたほうがいいじゃないか」

ただし、ここがイスラエル的なのですが、その武器メーカーに勤める親戚は「戦争反対」で左派系の人なのです。冗談ばかり言う面白い人です。彼は「良い武器と悪い武器がある」と武器を分けるのです。イスラエルを守るための武器は「良い武器」だと。

しかし、殺されたパレスチナ人は「良い武器」で殺されたことになります。この矛盾を指摘しても、彼は答えませんでした。これは、おそらく彼独自の考えではなく武器メーカーの自己正当化のための理屈ではないかと思います。こう考えないと、彼らも罪悪感にさいなまれてしまうのでしょう。この欺瞞《ぎまん》は、単に武器メーカーや彼だけの問題ではなく、イスラエルという国の根本に関わる欺瞞ではないかとわたしは考えるようになりました。

かほると1982年にイスラエルに帰国してから、わたしはイスラエルに住むため、いくつかの土地やモシャブなどを見て回りました。かほるは、話し好きで気さくなイスラエルの人々が気に入り、「住んでもいい」と言っていました。けれども残念ながら、「ここに住みたい」と思える場所や、これをやりたいと思う仕事には出会えませんでした。

その上ジリッ、ジリッとナチズムの方向に右傾化していくイスラエルは息苦しい。かほると結婚することを考えていたわたしは、日本でどんなことができるだろうか試してみようと思い、1984年10月に日本に戻ってきました。

『大草原の小さな家』を実現

日本ではかつて住んでいた下北沢に舞い戻り、年が明けて85年、かほると夫婦別姓で世田谷区役所に婚姻届を出しました。

仕事をどうするかを考えると、デスクワークにはとても向かないし、趣味の家具づくりを本職にすること以外に自分に合った職業は思い浮かびませんでした。

わたしは農業をやっていたので鶏小屋の修理とか、大工仕事は得意で、ものを作るのは好きでした。ただの板から想像力を駆使して形を創造していく喜びがあります。

そこで、いずれは家具作家として独立するつもりで神奈川県の注文家具会社に下北沢から3年半通い、働きながら技術を身につけました。

自宅工房で製作中のかほるとわたし
(飯嶋俊子写真集『ナガリ家物語』Photo-City.com)

手作りのログハウスのベランダで家族と
(2000年8月／飯嶋俊子写真集『ナガリ家物語』Photo-City.com)

かほるもの作りが好きだったので、教員志望から方向転換し、品川区にある都立の職業訓練校に通い、木工の基礎を身につけました。

当時、狭いアパートを借りていたのですが、まるでかぐや姫の『神田川』のような生活でした。今、『神田川』を聴くと、涙が出ます。

わたしたちは、以前から自然の豊かな田舎でのんびり暮らしたいと願っていました。ただ、家具や木工の道具や部品の調達、修理や販売などを考えると東京からそう遠くないところが望ましい。結局、東京から車で2時間ほどで、かほるの実家のある群馬県にも近い埼玉県秩父郡皆野町の空き家を借り、1989年、注文家具と小物を作る「木工房ナガリ家《や》」を開きました。「ナガリヤ」とはヘブライ語で木工房を意味します。

「ナガリ家」では、ちゃぶ台も作りますよ。みんなで丸くなって囲む「和」そのものですね。使わない時はたたんで部屋を広く使えるので合理的です。わざわざ金具を使わなくてよいのも気に入っています。

木は自然の恵みですし、自然は人間と社会の土台ですから使い捨ての家具は作りたくありません。100年使える家具を心がけています。

わたしが家具を作った際に出る端材《はざい》で、かほるはアクセサリーやパズルなどの小物を作ります。それでも残った端材は薪ストーブで燃やし、灰は生ゴミと混ぜて自宅の畑にまいたり、陶器を製作している友人にあげ、焼き物の上薬に使ってもらったりしています。

1男2女に恵まれ、しばらくは子育てや工房の経営を軌道に乗せることに専念しました。その後、わたしたちはかねてからログハウスに住むことに憧れていたのですが、2人の技術を活かし、地元秩父の杉を使い、いろいろな人にも手伝ってもらいながら1年半かけてログハウスを近所に建て、1999年12月29日に引っ越しました。わたしたちの拠点ができました。

それまで、わたしは「いずれイスラエルに帰ろう」と考えていましたが、拠点ができたことで、これからは日本に腰を据えようと決めました。

当時、テレビドラマ『大草原の小さな家』が流行《はや》っており、まるで自分たちの生活がドラマになっているようで、家族で毎週楽しみに観《み》ていました。

ログハウスから3mの工房で好きな家具づくりに打ち込み、庭の畑でとれたトマト、ピーマン、バジルなどを使って時には石窯でピザを焼き、赤ワインを飲む。

夢がほぼ完璧に実現できたと思いました。

秩父に根を張る

子どもが地元の保育園に通うようになり、わたしは「保護者の父の会」の会長を引き受けました。

1992年、自民党・経世会（竹下派）の金丸信《かねまるしん》会長が、5億円ものヤミ献金を受領した東京佐川急便事件が問題になります。この汚職事件で逮捕された金丸氏が、たった20万円の罰金刑で済まされたことに世論が猛反発しました。

そこで、金丸氏の公正な裁判を求めて保護者や保育園関係者から署名を集めました。「わたしたちは保護者として、子どもたちの未来を考える義務があります。政治家がヘマをしたら、正すのは大人の責任です」と訴え、1000人の署名を集めて国会に送りました。

また、わたしの住む秩父郡皆野町に、産業廃棄物のリサイクルセンターをつくる町の計画が持ち上がった際にはかほると同様の施設を数カ所訪ね、ダイオキシンなどで水質や土壌が汚染される被害が出ていることを調べた上で計画地の近隣50軒ほどを回り、「反対の声をあげましょう」と呼びかけ、計画を中止させました。

この頃は社会的な問題に取り組むのもこの程度でした。ただ、このように地域に関わることで、わたしたちは秩父に次第に根を張り始めました。

子どもの保育園の送り迎えは、かほるとわたしが手分けしてやっていました。

保育園を観察していると、いろいろ面白いことが分かってきます。たとえば、子ども同士がケンカになると保育士は「ぶっちゃダメ」と言って止めます。子どもたちは問題をなぐり合いで解決してはいけないんだと学びます。わたしは、子どもたちの散歩に何回か参加したことがあるのですが、ケンカが始まると別の子が「ケンカはダメ」と自然に仲裁に入ります。これを見てわたしは、暴力で問題を解決してはいけないと6歳の子どもが理解できるのに大人は理解できず、イスラエルのように問題を戦争で解決しようとするのは実に不思議だと思いました。

それから、ある時、保育園の子どもが「おまえ」と言うのが気になりました。観察していると、子どもたちは保育士や親には「おまえ」とは決して言いません。自分より弱い者、年少の者に言っています。自然に社会の差別を身につけているように見えました。子どもたちの家庭では、母親が父親に「おまえ」と言われている。自分も両親から「おまえ」と言われている。それを真似《まね》ているのでしょう。

その保育園で、わたしは国際理解の講座を頼まれ、月に1回コロナ禍まで20年間続けました。「何をやってもいい」とのことだったので、たとえば「外国人と日本人、何が違う?」というテーマで講座をやったこともあります。

10人前後の子どもたちがわたしの周りに輪になって座り、最初に「2分間、わたしを見てください」と言います。その後、「お父さん、お母さん、おじいちゃん、おばあちゃんとわたしはどこが違う?」と問いかけます。

子どもたちは、「鼻が長い」「目が大きい」「毛が濃い」「目が遠い(ホリが深い)」などと次々に答えます。そして、こんな風に対話しました。

——どうしてでしょう?

「外国人だから」

——じゃあ、外国人と日本人は何が違う?

「外国人は日本語しゃべれない」

——わたしは日本語しゃべるよ。

「じゃあ、ダニーさんは日本人かなあ」

このような講座をしばらく続けた後、ある子の母親からこう言われました。

「うちの子は『お母さん、ダニーさんは外国人だって知ってた？』と言ってたわ」

わたしたちは大笑いしました。子どもは外国人を差別したりしません。けれども、いつかするようになります。これは社会の歪《ゆが》みを反映していると言わざるをえません。

別の月は、「北朝鮮」（朝鮮民主主義人民共和国）の話題を取り上げました。

——「北朝鮮」と聞くと何が頭に浮かぶ？

「ミサイル」

——「北朝鮮」の子は何してる？

「保育園で遊んでいる」

——そうだね、ミサイル飛ばす人もいるけど、だいたいの人たちはみんなと同じだよね。

また保育園では、世の中にはいろんな人がいるけれど、みんな平等であることを子どもたちに伝えるため、通称「まめさん」をゲストに招いて講座をしたこともあります。

まめさんは、本名は江藤昌洋《まさひろ》さんといい、1960年生まれです。薬害のせいで両上肢に障がいがあります。左手はなく、右手は指が2本しかありません。

けれども足で字を書き、足でカメラのシャッターを押して写真も撮り、スプーン、フォークも持ちます。自動車の運転免許も取り、障がい者仕様ではない普通車を自由自在に運転しています。そして、フリーのエディトリアル・デザイナーとして印刷物やホームページなどのデザインで活躍しています。

「質問は何でもＯＫ」と子どもたちに言うと、遠慮なくいろんな質問が出ました。「ウンチする時はどうするの？　どうやってお尻、拭くの？」などという質問も。

まめさんは、「足で拭いていましたが、今は温水洗浄便座があるから大丈夫」などと答えていました。

晴れた日は、近くの荒川の河原で講座をすることもあります。

最初に石を拾って並べながら、みんなで大きなハートの形をつくります。大きな石、小さな石、丸い石、とがった石、さまざまな石を並べます。そして、こんな話をします。

「世の中には、肌の色、髪の色、背の高さが違って、走るのが速い人、遅い人などいろんなタイプの人がいます。でも、みんな心があり、夢を持っているんだね」

けれども、せっかくこのように学んだのに、子どもたちが地元の小学校に通うようになり、初めての運動会を見物に行くと、最初の入場行進で、子どもたちが来賓席の前で一斉に右手を挙げ、ナチス式の敬礼をしたのには仰天しました。後で校長に、「わたしはユダヤ人として耐えられません」と抗議したら、次の年からやめてくれました。

しかし、この例に限らず、日本の学校は校則や細かい決まりごとがとても多く、また中学校の部活の先輩・後輩の上下関係が厳しい点など上官と部下のようで、さらには、ほとんどの学校に制服がある点など、軍隊にとてもよく似ています。

子どもの中学校の授業参観でもあきれたことがあります。

妻のかほるが参観しました。教科は何だったかおぼえていないそうですが、4つのグループに分かれ、税金、社会保障などのテーマについてそれぞれ討論しているようでした。

ところが、授業が終わって担任の教員がかほるにこう打ち明けたそうです。

「子どもたちに脚本じゃないけど、自分の発言を書かせ、事前に練習しておいたの」

かほるは、「討論会なのに何かしっくりこないなと感じたはずだわ」と言っていました。

2017年にわたしは大分市で講演をしたのですが、その後の懇親会に来てくれた地元の中学校社会科の教員が真顔でハッキリとこう言いました。

「わたしたち教員の使命は、考えられない人間をつくることです」

それを聞いて、自分の子どもたちが通った学校の教育を思い浮かべ、わたしは「ああ、やっぱり」と思いました。

最近、アメリカのマイケル・ムーア監督の『マイケル・ムーアの世界侵略のススメ』[*2]を観て、わたしは感銘を受けました。アメリカが学ぶべき各国の長所を紹介するドキュメンタリー映画なのですが、教育の面で紹介されたフィンランドの教員は、「批判的な思考ができるように教えている」と言っていました。「学校は自分にとっての幸せを見つけるためにある」とも。

わたしが秩父や日本を批判するのも、決して秩父や日本が嫌いだからではありません。わたしたちがより幸せになるためです。それが本当の意味で根を張ることだと思います。

復讐は復讐を呼び、増幅して連鎖する

わたしたちがまだ秩父に移る前、下北沢に住んでいた頃、パレスチナの人々はイスラエルの占領支配への抗議に立ち上がりました。1987年12月、ヨルダン川西岸とガザ地区で、自然発生的にインティファーダ（第1次1987〜93年）が始まったのです。

インティファーダとは、アラビア語で「一斉蜂起」を意味します。まともな武器のない民衆が、大人だけでなく子どもも女性も石を投げたり古タイヤを燃やすなどして強大なイスラエル軍に立ち向かいました。

これに手を焼いたイスラエルの国防相イツハク・ラビンは、「警棒で殴打せよ」と命じ

ました。パレスチナ人の死者、逮捕者が相次ぎますが、それでも鎮圧できませんでした。ラビンは強硬路線だけではパレスチナ人の憤怒、民族としての叫びを抑えることはできないと悟ったようです。その後1992年の総選挙で15年ぶりに労働党が政権を奪還し、ラビンが2度目の首相になりますが、労働党は政権獲得前からオスロでPLOとの和平のための秘密交渉を開始します。*3

その結果、イスラエルとPLOは相互に承認し合い、イスラエルは占領しているヨルダン川西岸地区、ガザ地区を自治領として返還し、アメリカのビル・クリントン大統領もPLOをパレスチナ唯一の合法的代表と認め、93年9月にワシントンで、ラビン首相とPLOのヤセル・アラファト議長が「パレスチナ暫定自治に関する原則宣言」に調印しました。これが「オスロ合意」です。将来的にはイスラエルと、ヨルダン川西岸地区とガザ地区を領土とするパレスチナ国家の2国家が併存するという解決方針が確立されました。

双方でこの合意に不満な人は当時も今も少なくありませんが、しかし、ラビン首相は、PLOとのオスロ合意を成立させ、中東和平に踏み切ったことでアラファト議長と共にノーベル平和賞を受賞します。ところが、95年、和平反対派のユダヤ教徒によって暗殺されてしまいます。パレスチナ人を暴力で弾圧したラビンがその限界を悟り、やっと和平に踏み切ったのに、今度は同じユダヤ人からの暴力で葬られたのです。

ようやく結ばれた「オスロ合意」でしたが、和平交渉は遅々として進まず、入植地の返還などの成果はとぼしく、パレスチナ民衆は不満といら立ちを募らせていきました。

そんな中、2000年9月、イスラエルの当時の野党リクードの党首アリエル・シャロンがエルサレムのイスラム教の聖地「ハラム・アッシャリーフ（高貴なる聖域）」（ユダヤ教の聖地としては「神殿の丘」）に行き、抗議するために集まった数百人のパレスチナ人が警察と衝突、警察はゴム弾と催涙弾を発射、負傷者が出る事態になりました。

訪問後、シャロンは「負傷者は気の毒であり、1日も早い回復を願う。しかし、イスラエルに住むすべてのユダヤ人には、神殿の丘を訪れる権利がある。神殿の丘は我々の掌中にある」と述べました。[*4]

イスラム教の聖地が侮辱されたことにパレスチナ人の不満が爆発、第2次インティファーダ（2000〜05年）が始まります。今度は、パレスチナ側は手製のロケット弾や迫撃砲なども使うようになり、自爆攻撃も続発しました。

対するイスラエル軍は、戦車、戦闘ヘリ、爆撃機などパレスチナ側とは比較にならない高度な兵器で報復し、パレスチナ人指導者を「テロリスト」として次々に暗殺しました。

2001年9月11日、「アメリカ同時多発テロ事件」が発生します。航空機を乗っ取ったイスラム原理主義の集団がニューヨークの世界貿易センタービルや、ワシントンの国防総省などに乗客もろとも同時に突っ込んだ自爆テロ事件です。

首謀者とされるウサマ・ビン・ラディンは、2004年10月にカタールの放送局アルジャジーラに送ったビデオ声明で、その動機の一端をアメリカが1982年のイスラエルのレバノン侵攻を容認し、第6艦隊を派遣するなどしてイスラエルを援助したことをあげています。そして、こう述べるのです。[*5]

「そこらじゅうで、血が飛び散り、もげた脚が転がり、女性や子供たちが倒れていました。(中略)彼らがレバノンの高層ビルを破壊するのを私が目撃した時、我々は同じ方法で抑圧者を罰するべきだと、そして彼らが我々の女性や子供たちを殺すのを思いとどまらせるために、我々はアメリカの高層ビルを破壊し、我々が味わった苦痛を彼らにも味わわせなければならないのだという考えが、私の脳裏に飛来したのです」

これは典型的な復讐の論理です。復讐は復讐を呼び、増幅して連鎖していきます。

アメリカは、2001年、アフガニスタンが首謀者のウサマ・ビン・ラディン容疑者らをかくまっているとして、イスラム原理主義組織タリバンが支配していた同国への攻撃を始めました（アフガニスタン戦争）。ただ、この時わたしは、アメリカがテロリズムに対して武力を選んだのは仕方がないと思っていました。

他方イスラエル空軍は、２００２年、ガザ地区でハマスの幹部の1人、サラ・シハデ（Salah Shehadeh）を殺害するため、彼が潜伏していると特定した家に戦闘機から爆弾を落としました。その結果、シハデ以外に巻き添えで一般市民13人も死亡し、中には子どもも含まれていました。[*6] これには、イスラエルでも「1人のパレスチナ人を殺すために関係のない13人も殺した」として非難が巻き起こりました。

あの頃、イスラエル人は、まだ殺された人々の遺族の心中を察することができたと思います。今はイスラエル軍がパレスチナ人を殺しても非難するのは一部の左派だけです。

シハデを殺すために部下に爆撃を命じた当時のイスラエル空軍司令官のダン・ハルツ（Dan Halutz）は、ハアレツ紙同年8月24日のインタビュー[*7]で、「パイロットが爆弾を落とし、意図したわけではないのに子どもが死んでしまう。このことをパイロットはどう感じるのですか」という質問にこう答えています。

「爆弾を投下する時、機体にちょっとゆれを感じるくらい。でもそれは1秒だけのこと。後は何も感じません」

以後、「機体にちょっとゆれを感じるくらい」という表現はイスラエルでは、「何も感じない」という意味で使われるようになりました。つまり、多くのイスラエル人がハルツの言葉を問題視せず、むしろ気の利いた表現として使うようになったということです。これは、戦争がいかに倫理観をマヒさせるかの典型例です。

しかし、当時のわたしはハルツの発言を「ひどい」とは思いましたが、それでもイスラエル軍は、シハデ以外の一般市民を殺すつもりはなかったのだろう、「仕方がなかった」と軍を擁護していました。

けれども、次第に抵抗するパレスチナ人の自爆テロが頻発するようになっていきます。パレスチナ（アラブ）人による自爆テロで死亡したイスラエル人は、2001年に100人、02年に211人、03～04年に182人にのぼります。[*8]

この頃、上の妹シャーリーと国際電話やメールで相当議論をしました。彼女には子どもが3人いるのですが、当時バスで高校に通うのに3人一緒には乗らず、1人ずつ別々のバスに乗って行ったそうです。テロにあっても1人死ぬだけで済むようにと。

シャーリーは、「あなたには想像できないでしょう」と言いました。当時のわたしは軍隊は必要だと思いながらも、少しずつパレスチナ側から見たらどう見えるのか、ということも考え始めていました。わたしは「なぜパレスチナ人がテロをやるのか想像しない限り、解決はできないよ」と返しました。

シャーリーは、「あなたはなぜわたしを肯定できないの?」と憤慨していました。[*9]

「正しい戦争」という呪縛

エルサレムのイスラム教の聖地に行き、第2次インティファーダの引き金を引いてしまった野党リクードの党首アリエル・シャロンは、2001年に首相になると翌02年からテロを防ぐためにイスラエルの入植地とパレスチナ自治区ヨルダン川西岸の占領地との間に長大な分離壁の建設を開始します。

他方で2005年、シャロンはガザ地区からのイスラエル人入植者の退去を進めました。この背景には、ガザ地区がイスラエルにとって「費用対効果の観点から財政負担となっていた」[*10]という事情があります。

2006年7月、レバノンのシーア派イスラム主義の政治武装組織ヒズボラ[*11]がイスラエル兵を拉致殺害したことを契機にイスラエル軍は再びレバノンに侵攻(第2次レバノン戦争)。報復として、イスラエル空軍はヒズボラの拠点であるベイルート南部のビル、幹線道路、発電所、空港などを次々に空爆しました。

妻のかほるは、夫のわたしがユダヤ人で、イスラエル滞在中に人々にとても親切にしてもらったことなどから「イスラエルびいき」でした。

しかし、彼女は『イスラエル兵役拒否者からの手紙』(ペレッ・キドロン編著、田中好子訳、NHK出版、2003年)や『私のなかの「ユダヤ人」』(広河ルティ著、集英社、1982年)などの関連書籍や報道から次第にイスラエルという国が隣国(人)に対しては傲慢な態度を取る国だと気づいたようです。

かほるは、「イスラエルで、国民が何不自由なく生き生きと生活を謳歌《おうか》しているその瞬間にも、すぐ隣のパレスチナではイスラエル軍が、がっしりとしたオリーブの樹々をブルドーザーでなぎ倒していく。そして、ガザの難民キャンプでは道路を広くするためにブルドーザーで家々を押し倒していく、といった蛮行に怒りを感じました。30㎞も離れていない境界線の両側でこんな悲劇と自由闊達《かったつ》が両立している事実に頭と心が混乱するばかりでした」と当時のことをふり返っています。

第2次レバノン戦争で、2006年8月2日、イスラエル空軍はレバノン東部バールベックにある病院をヘリコプターで急襲、4人の子どもを含む19人の一般市民が死亡しました。[12]

その時、かほるは「病院を攻撃するなんてひどい」と怒りました。わたしは、「空軍は多少間違えたかもしれない」と古巣をかばいました。

「あなたはおかしい。何でそんなにイスラエル軍をかばうの?」とかほるは言いました。そもそも、わたしは空軍パイロットの訓練をしたことを自負していたのですが、その点からしてかほるは、「だから何? 人を殺す訓練をしただけでしょう」と否定します。国際結婚による価値観の違いを痛感しました。

第2次レバノン戦争では、イスラエル軍の攻撃でレバノン側の死者は約1200人に達しました。[13] かほるは「おかしい、おかしい。イスラエルはおかしいよ」と言い続けました。わたしが、「イスラエルにはわたしたちには分からない事情があるんだろう」とイスラエルの肩を持つと、「復讐に復讐しても平和にはならないでしょう。イスラエルは根本的におかしいよ」と反論してきます。

さらにわたしが、「もちろん戦争は良くないに決まってる。でも、国を守るためには仕方がないんだよ。戦わなければ戦争は終わらないよ」と言うと、「一般市民が住んでいる高層ビルを破壊して、何になるの?」と返されました。それはその通りです。

かほるは、「あなたはおかしい」と言い続けました。わたしは、彼女の言い分も分からなくはないので、しばらく考え込んでしまうこともありました。

わたしたちは工房で共に仕事をしており、24時間一緒にいますから、折に触れてこの戦争をどう考えるか話し合いました。当時のわたしを、かほるは「何を真実と考えるか、迷っているんだろうな」と見ていたようです。

けれども、2006年当時、わたしは秩父郡の長瀞町《ながとろまち》で英会話を教えており、毎週の授業の最初の10分間で中東情勢について英語で報告と解説をすることになっていたのですが、その際にはイスラエルがすべて正しいという立場で話したのをおぼえています。

また当時、地元の中学校でイスラエルについての講演を頼まれましたが、パレスチナ人のテロがある以上、軍隊は必要だと述べた上で、「軍隊では戦闘機を飛ばしたりパラシュートで飛んだりすごい経験ができます」などと、まるで自衛隊の広報官のようなことを話していました。今思い出すと、本当に恥ずかしい。わたしは、子どもの頃から刷り込まれた「イスラエルの戦争は『正しい戦争』」という観念の呪縛に囚われていました。

「あ、かほるが言っていたことは正しかった」

２００６年1月、ガザ地区を含めたパレスチナ立法評議会選挙で、ハマス（イスラム抵抗運動）が、ＰＬＯ主流派のファタハに代わって第1党になります。

ガザ地区は、面積３６５㎢で種子島ほどの広さです。長さ50㎞、幅５～８㎞の細長い地区に約２２０万人もの人々が住み、世界で最も人口密度が高い地域の一つです。イスラエル軍に人や物の出入りが制限されているので、食料、医薬品、日用品などが不足し、燃料も十分に入りませんから発電所がフル稼働できず、電力不足で電気は１日数時間しかつきません。住民の出入りにはイスラエル軍の許可が必要です。２人に１人は仕事がありません。「天井のない監獄」と言われるゆえんです。

けれども、ハマスを過激なテロ集団と見なす欧米諸国は、２００６年以降このガザ地区への援助を停止します。ガザの人々はさらに物資が不足し困窮しました。

ハマスはエジプトとの国境にトンネルを掘って物資を調達し、イスラエル領内にもトンネルを掘ってゲリラを送り込んだり、ロケット弾を撃ち込んだりして抵抗を続けました。

これに対して２００８年12月、イスラエル軍はガザ地区に侵攻、市民や幼児らも無差別に殺害しました。「朝日新聞」は、「『非人道兵器』だとして国際的な批判が強い『白リン弾』とみられる爆弾」を浴び、苦しんでいる女性を診察した医師の証言を報じています。[*14]
「傷口から煙が噴きだしていた。24年間医師をしているが、こんな症例は初めてだ」
この侵攻ではパレスチナ人1398人が死亡しました。[*15]
わたしがとりわけ衝撃を受けたのは、第1章でも述べましたが、パレスチナ人の死者の中に18歳未満の子どもが345人も含まれていたことです。かつて自分が所属していた軍隊が、なぜ子どもを345人も殺したのか。それまでのイスラエルの戦争は、軍隊対軍隊あるいは軍隊対テロ組織の戦争でした。子どもが巻き添えになることはありましたが、こんなに多くの子どもが犠牲になったことはありません（2023年10月7日以降のイスラエル軍のガザ侵攻では、ケタ違いの数の子どもが犠牲になりました）。いつからイスラエル軍は、こんな無差別殺戮をする軍隊になってしまったのか。
イスラエル軍は、「ハマスは子どもを盾に使っているから仕方がなかった」「それでも子どもを巻き添えにしないよう気をつけたから345人の犠牲で済んだ」「ハマスは一般市民の中に紛れてロケット弾を撃っている」「わたしたちの力を見せつけなければいけなかった」などと釈明しました。

これをどう考えるのか、わたしはイスラエルの友人、面識のあった元国会議員、ガザ攻撃に参加した戦闘ヘリのパイロットの知人らに片っ端からメールで問い合わせました。

彼らはみな左派的で、「武力に走るのは良くない。戦争ではなく外交交渉で解決するべきだ」と言っていた人たちでした。

ところが、わたしの問い合わせに対して彼らは一様に「今回は仕方がなかった」と答えたのです。その中でわたしの幼なじみは、「イスラエルは子どもを殺すような国じゃないよ」と言いました。「え、でも実際に殺したでしょ」と問うと、彼は「イスラエルは子どもを殺すような国じゃないけど今回は仕方がなかった」と言い訳したのにはあきれました。子どもを345人も殺したことは、どう言い訳しても正当化できるはずがありません。

これは、みんなが洗脳されているんだと考えざるをえません。そして、自分自身も洗脳されていた。わたしは、はたと気づきました。

「あ、かほるが言っていたことは正しかった。やっぱりイスラエルはおかしい」

目がさめるといいますか、つきものが落ちるといいますか……。

それから、さらに考え続けました。子どもを殺すのを肯定する理屈はどう考えてもおかしいのに、みんなが肯定しているのはなぜだろう。きっと論理を歪めているものがあるのだろう。それは何かを考えると「仕方がなかった」と答えた知人らと同様にわたしも受けたイスラエルの教育に根本的な原因があると思い至りました。「国のために死ぬのはすばらしい」と刷り込むあの教育です。

「国のために死ぬのはすばらしい」とは、国民の命より国のほうが大切だという考えですから、国のためなら敵を殺すのは「仕方がない」となります。そして、敵の子どもを殺すのも「仕方がない」ことになります。

これは、殺す側の論理です。殺されたパレスチナ人の子どもの側に立てば、殺す側の悪意がハッキリ見えるのに、イスラエル人はそれができないのです。

では、「国のために死ぬのはすばらしい」の「国」とは何か。それは、誰がそう国民に刷り込んでいるかを考えれば明らかです。国を動かす権力者のことです。ですから、結局イスラエル軍は国民を守るのではなく、国の権力者を守っていたのだ、と気づきました。

そこから、わたしは自分が受けてきた教育を徹底的に疑い始めました。そうすると、第1章で紹介したいろいろな学校行事や教育環境、「軍隊慣らし」など、わたしたちを「国のために死ぬのはすばらしい」と洗脳する要因が「あれもそうだった、これもそうだった」と次々と思い浮かんできたのでした。

国中がほぼ一色に染まったイスラエル

２００６年の第2次レバノン戦争と前後して、少しずつガザ地区からロケット弾がイスラエルに向かって飛ばされるようになり、イスラエルの国民はみなショックを受けました。それまでの戦争は、ほぼイスラエルの国外でした。わたしの子ども時代にもシェルターはありましたが、実際には使いませんでした。

それが、ガザからロケット弾が発射されたら、地域ごとに何秒以内でシェルターに避難するようにと決められたのです。15秒以内に避難しなければならない地区すらあります。ほとんど逃げる時間はありません。わたしの下の妹イリスは、ガザから30㎞のところに住んでいます。ロケット弾が飛んで来たら45秒以内にシェルターに避難です。

ある時、イリスの自宅から３００ｍのところにロケット弾が落ちました。

「子どもがトラウマになったわ。パレスチナ人が悪いのよ」とイリスはカンカンでした。当時は国際電話とメールでやりとりしていたのですが、わたしは、「一方的にパレスチナ人が悪いとは言い切れないよ。イスラエル軍は空爆をしているのに、彼らにはシェルターすらないじゃないか。ガザの人はもっと大変だよ」と答えると、「悪いのは向こうなのに……」とイリスはむっとしていました。

2009年には、上の妹のシャーリーの長女、つまりわたしの姪《めい》が日本に旅行に来て、秩父のわたしの家に泊まりました。彼女は、例外的に予備役に召集され、国境警備隊に勤務していました。が、左派で戦争反対のデモにも行きます。日本の自衛隊員で戦争反対のデモに行く人はほとんどいないでしょうが、イスラエルの軍人では普通です。

しかし、彼女はイスラエル軍のガザ攻撃は正当化するのです。

「だってダニー、イスラエル軍は2005年にガザから撤退したのに、ガザのパレスチナ人はロケット弾を飛ばすんだよ。イスラエルの人たちはおびえてるんだよ。だからこっちが反撃するの、当たり前でしょ」

これがイスラエルで多数派の考えです。

イスラエル軍のガザ攻撃の翌日の2008年12月28日、イスラエルのテレビ局「チャンネル10」が行った世論調査ではガザ攻撃を肯定した人は81%にのぼりました。[*16]

イスラエル軍は、2014年にもガザ地区を攻撃しています。この時は、イスラエルの人権保護団体「B'Tselem」によれば、2202人のパレスチナ人が殺され、うち18歳未満の子どもの死者は2008年のガザ攻撃よりさらに増えて526人に達しました。[*17]この虐殺を世界中が非難しました。

にもかかわらず、イスラエル民主主義研究所などが２０１４年に発表した世論調査の結果は次のようでした。[*18]

●ガザ攻撃は正しかった。92％
●イスラエル軍はもっと激しく攻撃すべきだった。45％
●戦争時に批判の声をあげるのはいけない。58％
●イスラエル軍は過剰にやりすぎた。６％

イスラエルは非道なことをやって世界中から非難されたのに、14年の調査ではガザ攻撃を支持する人が08年の「チャンネル10」の調査の81％よりも逆に増えているのです。08年と14年の世論調査は、調査した機関が違うので単純比較はできませんが、イスラエル国民のほとんどがガザ攻撃を肯定しているのは間違いありません。

イスラエルは右派、左派だいたい半々なので、右派のすべての人がガザ攻撃を肯定してもせいぜい50％程度です。

しかし、それをはるかに上回る人が肯定していますから、左派の中にも肯定した人が相当いたことになります。普段は「戦争反対」と言っていた左派も、戦争が始まると右派ともども戦争を支持したのです。これは右傾化などというレベルではありません。国中がほぼ一色です。ナチズムの方向にまた近づきました。日本からイスラエルを見ていたわたしは、この先イスラエルはどうなってしまうのだろうかと戦慄をおぼえました。

２００８年のガザ攻撃の際、日本の若者グループからこのガザ攻撃について話してほしいと頼まれました。いい機会だと思い、ガザ攻撃の実態を調べました。

すると、イスラエルの当時のエフード・オルメルト首相はガザ地区のハマス幹部から事前に何回か停戦のための交渉の提案があったのに拒否し、最後の提案の際にはすでに攻撃を決めていたことが分かりました。[*19] つまり、実は戦争を防ぐ機会はあったのに、イスラエル側が防ごうとはしなかったのです。まさに、第１章で紹介したわたしの父の自死の理由であった「はじめから避けられた戦争」です。

オルメルト首相がガザ攻撃を命じたのは、翌年１月にはアメリカで「敵との対話」を掲げるオバマ政権が誕生することになっており、その前にハマスに壊滅的な打撃を与えておきたいというねらいと、翌年２月の総選挙で自身の政党カディマ（ヘブライ語で「前進」の意）の支持を高めるねらいがあったと言われています。戦争は国民の愛国心を刺激し、政権の求心力を高めます。だから、権力を持つ者は戦争の誘惑にかられるのでしょう。

しかし、総選挙では、パレスチナに対してより強硬な主張をした野党のリクードが善戦し、カディマはリクードに1議席差にまで迫られ、結局右派連立内閣が誕生します。

わたしたちの心もむしばむ軍隊

「はじめから避けられた戦争」なら、戦争はしないほうがいいに決まっています。そこからわたしは、軍隊は本当に必要なのかと疑うようになりました。

イスラエルは、モロッコ、アラブ首長国連邦（UAE）などと国交を正常化し、エジプトとだけでなく、ヨルダンとも平和条約を結んでいるのです。他のアラブの国々や特にパレスチナ自治政府とも平和条約を結べないはずがありません。それがなぜできないのか。復讐に復讐を重ね、相互の憎悪、怨恨や不信感が最大の障壁になっているからです。

まずは、勇気を振り絞って相手の立場に立ってみるべきではないでしょうか。

お互いの主張が対立する時、なぜ相手はそう考えるのか、相手の立場に立ってみるのは論理的に考えるために踏まねばならない手順です。それができないのは、論理的に考えることを歪めているものがあるからです。それは、前述の憎悪、怨恨、わたしが学校や軍隊で受けてきたような不信感をかきたてる歪んだ教育の他にお金や利権、地位や名誉や面子《メンツ》、忖度、村八分にされたり仕事がなくなることへの恐怖などもあるでしょう。

父が自殺した時、わたしは12歳、兄は14歳でした。10代のわたしたち兄弟は2人でモシャブの畑を耕していました。トラクターが畑仕事中に故障すると、1人で何とか修理しました。この時、なぜ故障してしまったのか。何がまずかったのか。自分のやり方をもう一人の自分の目で疑い、点検していくことになります。

また、空軍パイロットの養成学校でのジェット戦闘機の単独初飛行で、全電源を喪失した非常事態でもないのに、わたしは興奮して自分を見失ってしまったことは第1章で述べました。その時、暗記した全電源を喪失した場合のマニュアルの言葉はこうでした。

「あなたは1人です。論理的に考えてください」

これは、非常時でなくてもとても大切だと今ふり返ると痛感します。「論理的に考える」とは、自分のやり方のどこが間違っているのか、何が足りないのか、基本に返って、冷静に反省することです。その時、他人の視線から自分を見つめることが必要になります。まさに、他者の立場に立ってみる、パレスチナ（アラブ）人側から見てみることですね。これらの体験が、後年、わたしが戦争や原発について考える土台になっていると思います。

論理的に考えるということを意識し、自分の体験をふり返って徹底的に軍隊を疑い始めたわたしは、「軍隊の悪」というべきものに気づきました。

まず、軍隊は味方と敵をキッパリと分けます。わたしたちは善、彼らは悪という分断の上に成り立っているのが軍隊です。当然敵を憎むという感情に支配されます。

また、軍隊は差別的組織です。軍隊にはさまざまな階級がありますが、これは人間をランク付けすることです。「人間はみな平等」という考えの対極にあるのが軍隊という組織です。そして、上官の命令には奴隷のように絶対服従を強いられるのです。

イスラエル軍には、「ハンニバル指令」という誘拐された兵士の奪還作戦に関するマニュアルがあります。ハンニバルとは、ローマ軍と戦い、最後は自害した古代カルタゴの将軍ですが、その名をつけた指令には、「(仲間の) 兵士を負傷させる危険があろうとも、誘拐犯から救出すること。誘拐阻止のためには軽火器を使うことも可能」とされているそうです。しかし、2006年にハマスがイスラエル軍兵士1人を誘拐し、交渉の末、イスラエル軍は自軍の兵士1人を取り戻すため、パレスチナ人服役囚1000人余りの釈放と引き換えにせざるをえなかった件などから、「誘拐を安全保障上のリスクとして過大に捉えるあまり、(味方の)兵士の命を奪うほどの猛攻を仕掛けたり」(カッコ内筆者)するようになったといいます。[*20] つまり、命令であれば軍隊は味方すら守らないことがあるのです。

さらに、紛争が生じた時、軍隊による解決とはつまりは殺人による解決です。軍隊は人権や民主主義とは正反対の解決しかできないのです。ですから戦争で問題が「解決」したように見えても、負けた側の復讐心や怨恨は世代を超えて受け継がれていきます。これは、イスラエルとパレスチナの歴史をふり返れば明らかです。

そして、戦争の犠牲者は殺された人やその遺族だけではありません。殺す側の人も犠牲者なのです。殺人は、殺す人の精神も殺します。それがPTSD(Post-Traumatic Stress Disorder:心的外傷後ストレス障がい)です。心を病むとやがては自殺につながります。

イスラエル軍の死亡者のうち、2006年から15年は4分の1、16年から20年は3分の1、ピークの19年は45%もの人が自殺で亡くなっていました。[*21] つまり、死亡者のほぼ半数が自殺なのです。

自殺までいかないまでも、その任務自体が兵士の精神をむしばみます。18歳で軍隊に入り、たとえばヨルダン川西岸地区の検問所に勤務する兵士は、銃一つで検問を待つ老若男女何百人ものパレスチナ人に、「待て」とか「進め」とか「早くしろ」とか命令できます。

武器には魔力があって、「敵」をいとも簡単に屈服させたり、消したり（殺したり）できます。まだ「若造」の兵士が、次第に尊大で、傲慢、傍若無人な態度になっていきます。PTSDは戦場で人を殺すだけではなく、こういうところからも始まるのです。

そして、イスラエルでは徴兵制や予備役でほとんどの国民は軍隊に行くので軍隊は社会全体の雰囲気にも暗い影を落としています。

わたしは、2013年にイスラエルに帰った際、フェイスブックにヘブライ語で「何か切迫感を感じます」と題した次のような文章を書きました。

数年ごとにイスラエルを訪問します。なつかしい友、親戚、家族、風景……。しかし、何か切迫感を感じるのです。これは、わたしだけかと思いましたが、外国に長く住んで帰国した人のフェイスブックなどにも同じようなことが書かれています。イスラエルの空港に到着してから、何かこわばった雰囲気を感じます。テロや戦争は起きていないのに。レストランで、銀行で、車を運転している時などあと一瞬で爆発するような暴力的な雰囲気を感じるのです。市場でも、ショッピングモールでも。

なぜでしょうか。わたしたちは、「中東では力を持っている人が生き残る」「平和を進めるのは力の立場から」というスローガンはアラブ人に対するスローガンだと思っていました。彼らも人間なのに。

でもこのスローガンは少しずつわたしたちの心も侵食しているようです。レストランで食事中に傍若無人に大声で話したり、銀行で待っている人々の列に平気で割り込んだり、運転中に車のクラクションをむやみにけたたましく鳴らしたり……。

他方で、どんどん右傾化する政治とパレスチナ人には問答無用で進められる入植地の拡大。これらは、イスラエルが、かつてのナチスのように、いずれ破滅する道を歩き始めたきざしではないかとわたしは感じています。

このわたしの投稿に対して、「あんたみたいな人はガザに住めば」「あなたのおじいちゃんはアウシュヴィッツで殺されればよかった」というコメントが返ってきました。

2017年8月30日、わたしはNHKの「あさイチ」という番組に出演しました。NHKが選んだ数人の小中学生に秩父の我が家に来てもらい、イスラエル軍兵士の体験をふまえて15分ほど戦争の悲惨さと平和について語るという内容です。

そこで、2008年のイスラエル空軍によるガザ空爆の際、現場の近辺まで写真を撮りに行った数人のイスラエル人たちの映像が流されました。爆発があり噴煙が上がると笑顔で「ヤッター」とばかりに歓声をあげ、拍手する数人のイスラエル人。

それを見て、中学生くらいの男子がわたしに質問しました。

「爆弾が落ちてるってことは、人が死んでるってことですよね。じゃあ、何で笑って見ていられるんですか」

わたしはこう答えました。

「人が目の前で死んでるのに笑っているっていうのは、普通に考えればとんでもないこと。でも戦争では、普通の人間が悪い人間になっちゃうの。本当は悪い人間じゃないのに」

軍隊は、そして戦争は確実にわたしたちの心もむしばんでいくのです。

想像力が働かない人々

イスラエルの祭日「過越祭」は「自由のお祭り」とも呼ばれているのに、テロの心配があるからと、前後3日間ほどはパレスチナ人に完全封鎖令が出されることはすでに第1章で述べました。が、ユダヤ人の側も心からお祭りを楽しめません。どこか不安があるのです。「もしかしたら自爆テロに襲われるのではないか」と。

イスラエル軍は世界屈指の軍備を誇り、アメリカにも支援されており、テロでイスラエル軍の支配をやめさせることができないことは、パレスチナ人側も分かっています。

それでも彼らが自爆攻撃を続けるのはなぜか。

そのねらいは、「わたしたちがまともに生活できないなら、あなたたちもまともに生活できないようにしますよ」ということです。

この彼らのねらいは、「大成功」しています。

たとえば、イスラエルの鉄道の主要な駅には、空港と同じ警備ゲートが設置されています。乗車するには、いちいちベルトを外し、スキャナーを通らなければなりません。乗っている間もテロの不安を感じます。

イスラエル人は、次のテロはいつ起きるか、いつもおびえながら生活しているのです。

わたしの周りにテロで亡くなった人はいません。わたし自身はたとえ身内がテロで殺されても、パレスチナ人に復讐しようとは思わないでしょう。「目には目を」では何も解決できません。

ただ、わたしはテロは決して肯定しませんが、やりたい気持ちは分かります。そもそもイスラエルのエフード・バラク元首相からして、「テロと長年戦った人として、もしあなたが若いパレスチナ人だったらどうしていましたか」という質問にこう答えているのです。[*22]

「もしわたしがパレスチナ人の若者だったら、おそらくテロ組織に入っていたでしょう」

イスラエルの指導者も、テロに走るパレスチナ人の側に立ってみるというところまでは考えるのです。しかし、ではどうすればその気持ちを鎮められるか、とまでは考えない、考えられない、あるいは考えたくないのです。

それはなぜなのか。結局、バラク元首相らは想像力が働かないのではないかと疑わざるをえません。ここが決定的に違う。相手の側に立ってみるだけでは不十分なのです。イスラエル軍に無残に殺されていったパレスチナの人々の悲しみを想像する。先祖伝来の土地をイスラエルに奪われたのに、強大な軍事力に押さえ込まれ、自爆テロに走るしかない彼らの絶望を自分の絶望にする。こういうことができないのではないでしょうか。

いや、本来は彼らも想像力を使えたはずなのに、イスラエルが建国前から今もずっと戦争を続けているうちに、彼らの心はマヒしてしまったのかもしれません。

2019年7月に、わたしは明治学院大学で「イスラエルとパレスチナの紛争」をテーマに講演をしました。その際、日本訪問中の社会人のパレスチナ人も2人参加しました。わたしとのやりとりの中で、彼らの1人が、「今の若いパレスチナ人は完全に希望を失っており、死も全然怖くない。だから自爆テロは今後も増えます」と断言しました。

わたしは、「若いパレスチナ人とは何歳くらいですか」と質問しました。

彼はこう答えました。

「12、13歳くらい」

「敵」はつくられる

2022年12月に、わたしは立教大学で講演しました。テーマは「イスラエルの事情から考える日本」です。この時の聴衆は外国人の留学生が多かったので、英語で話しました。

終わってからの質疑応答の時間に、ヨーロッパから来た留学生が、「戦争は終わるものではないと思います」と発言しました。質問というより彼女の意見ですね。

「昔から戦争はあったし、今もあるし、今後も起きるでしょう」というわけです。

その時は時間が限られていたので、「『終わった戦争』はいくらでもあります。戦争は『起きるもの』ではなく、『起こされるもの』です」と簡単に答えました。しかし、残念ながら、彼女は納得した風ではありませんでした。

さきほど、2008年のイスラエル軍によるガザ攻撃は避けられたのに、当時のオルメルト首相が攻撃を命じたのは、翌年2月の総選挙で自身の政党カディマの支持を高めるねらいがあったと言われていることを紹介しましたね。ガザ攻撃は「起きた」のではなく、意図的に「起こされた」のです。

「人間は戦う動物。だから戦争は人間の本能」と言う人がいますが、戦争は人間の本能ではありません。「敵」とはつくられた概念です。権力者が「戦争しかない」と国民を洗脳し、扇動するには、非道な敵、憎むべき敵が必要なのです。権力者が「敵基地攻撃能力」と言った瞬間、「敵」はつくられるのです。

動物の場合、敵はずっと敵であり続けます。たとえばシカだったらトラはずっと敵です。無条件で食べてしまいますから。トラがシカの敵であることは不変です。

けれども、人間の「敵」は敵ではなくなる時が来ます。これは「敵」が、つくられた概念だからです。イスラエルでわたしたちは、エジプト人を差別し、憎んでいました。わたしが子どもの頃、「エジプトとの和平などありえない」と親や教師も言っていました。

ところが、1979年にイスラエルはエジプトと平和条約を結びました。

日本も、かつて中国を侵略し、十五年戦争と呼ばれる泥沼の戦争になり、「南京《ナンキン》大虐殺」など数々の戦争犯罪も起こしました。しかし、1978年に日中平和友好条約を結び、今はいろいろと問題はあるにしろ、平和が続いていますね。歴史をふり返れば、こんな例は山ほどあります。

これらの例を見れば明らかなように、戦争をしてもお互いに利益がない、殺し合うのはバカバカしいと分かると、人間は対立を乗り越えていきます。

戦争に関して、わたしたち人類はまだ進化の途上にあるのだとわたしは見ています。同じ地域の国同士、同じ地球の国同士が争って殺し合うのはバカバカしいとの人類の認識の深化によって、争いが幕を閉じる日が来るでしょう。

このような認識を広めるために、これまで人類はさまざまな努力を続けてきています。たとえば、カントは『永遠平和のために』（1795年）で、常備軍の撤廃を唱えました。ハーグ平和会議（1899年、1907年）では、常設の国際仲裁裁判所、ハーグ陸戦法規、毒ガスの使用禁止などが合意されます。ハーグ陸戦法規には非武装都市の攻撃の禁止などが含まれ、これは今も有効です。

1920年には国際連盟が創設され、その規約前文は締約国が「戦争に訴えざるの義務を受諾」するとしています。

しかし、国際連盟規約は抜け道が多く、1928年のパリ不戦条約では、第1条で「締約国は国際紛争解決のため、戦争に訴えることを非とし、かつその相互関係において、国家の政策の手段としての戦争を放棄すること」をうたいました。

それでも、第2次世界大戦を防ぐことができず、その反省に立って国際連合がつくられました。国連憲章は、すべての加盟国は「国際紛争を平和的手段によって」解決することや「武力による威嚇又は武力の行使」を慎まなければならないと掲げています。

これが、「戦争放棄」「戦力不保持」「交戦権を認めず」とした日本国憲法第9条の精神につながっているのです。憲法9条は、戦争をなくすために人類が積み上げてきた努力のまさに「精華」と言えます。

わたしは兵役を終えたばかりでイスラエルから日本に来た当初、憲法9条を知り、「軍隊を持たずに到底国は守れない。軍隊を持たないなんて全く非現実的だ」と思いました。

しかし、2008年のイスラエル軍のガザ侵攻から軍隊を徹底的に疑うようになった結果、今では軍隊を持たないことこそが、実は本当に国を守る基本だと考えるようになりました。「武器に頼るとキリがない」のです。

人類は、これまで「非道」な兵器の使用は禁止しようとしてきました。

●１９７５年　生物兵器禁止条約発効
●１９９７年　化学兵器禁止条約発効
●１９９９年　対人地雷禁止条約発効
●２０１０年　クラスター爆弾禁止条約発効
●２０２１年　核兵器禁止条約発効

どの条約も大切で、そのおかげでたくさんの命が救われました。しかし、これまでのすべての戦争で、最も多くの命を奪ったのはこれらの武器ではありません。通常兵器です。武器に非道も人道もありません。武器に頼ることこそがそもそも人の道に外れているのです。通常兵器禁止条約はまだありません。その制定が今後の課題です。

国際紛争の解決方法として、通常兵器が禁じられたら戦争は不可能になります。困難に見えますが、国連が、わたしたちが、その理想を追求すべきなのは当然です。

「戦争で平和はつくれない」とわたしたちが心から思う時、戦争はなくなります。

これまでの人類の歴史を見れば、50年、１００年、３００年後、わたしたちみんながこれを理解できる日が、確実に来ます。

国民を守れず、大きな環境汚染源でもある軍隊

「敵」がつくられ、戦争が起こされる大きな理由の一つは、戦争でもうかる一部の人たちがいることです。

わたしは、２０１７年に福岡県田川郡で講演をしたのですが、終了後の懇親会に50代くらいの女性が参加してくれました。彼女の父親はトラクターの部品を作る町工場を経営しており、小学校時代には裕福だったそうです。

しかし、彼女が中学校に進む頃、注文がパタリと途絶え、工場は潰れてしまいました。なぜ注文が来なくなったのか、当時はいくら考えても分かりませんでした。貯金もなくなり、貧乏のどん底に落ちました。家が雨漏りしても修理するお金がありません。私服が買えず、制服で遊びに行くのが恥ずかしかったから、中学時代は一度も友だちと遊びに行けなかったそうです。

ところが後年、あるきっかけからなぜ急に注文が途絶えてしまったのか、彼女の父親は知ります。トラクターの部品だと思っていたものが、実は戦車の部品だったのです。ベトナム戦争が終わり、戦車の部品は不要になり、だから注文も来なくなったのでした。

それを聞き、彼女の母親はこう言ったそうです。

「いつかどこかで、また戦争が始まらないかなあ」

これは武器産業の末端に連なっていた小さな町工場の例ですが、武器産業にたずさわる人々の本音がよく分かります。

イスラエルのニュースサイト「Walla」(ワッラ)は、ロシアのウクライナ侵略によるイスラエルの「防衛装備品の輸出」(defense exports)の活況を報じています。

ラファエルというイスラエルの武器メーカーの2022年第3四半期の売上高は、日本円で1088億円(1シュケル37円で換算)、前年同期比36%増になったそうです。

「同社は、イスラエルという国家の経済成長の原動力になっており、毎年国庫に利益の50%を移管している」とあり、また、同社はイスラエル北部の最大の雇用主で約8000人を直接雇用しているといいます[*23](以上「Walla」)。

戦争はイスラエルの武器産業の雇用だけでなく、アメリカの武器産業の雇用も生みます。

元イスラエル軍准将のサッソン・ハダッドは、イスラエルの国家安全保障研究所のサイトに、「(アメリカとイスラエルの防衛)援助協定はイスラエルにとって不可欠か? コスト・ベネフィット分析」という論文を寄稿しています[*24](2020年)。

その中で、ハダッドは「ドル建て援助の大部分はアメリカ経済に還元され、アメリカの防衛産業における何千人もの雇用を支えています」と書いています。

このハダッド論文によれば、アメリカとイスラエルが2016年に結んだ2019年から2028年までの防衛援助（第3次）は、総額380億ドル（年間38億ドル）にのぼります。2019年の援助額は、イスラエルのGDP（国内総生産）の約1%、国家予算の2・5%、防衛予算の20%に相当します。イスラエル建国の1948年から2019年までにアメリカが供与した援助の総額は約1350億ドルで、このうち1000億ドル以上が防衛援助です。

そこまでアメリカがイスラエルに肩入れするのは、イスラエルの敵はアメリカの敵でもあるからです。ハダッドはこう書いています。

「イスラエルは、イラン、ヒズボラ、シリア、ISIS[*25]などの地域の敵や、ガザ地区のハマスなどのテロ組織からの脅威に直面しています。アメリカが提供する（防衛）援助のほぼすべては、これらの脅威に対して使用されます。これらの国や組織はすべて、アメリカ兵やアメリカの利益、アメリカの同盟国をも脅かしているので、イスラエルの（高い戦闘）能力はイスラエルだけでなくアメリカの利益にも十分に役立つのです」（カッコ内筆者）

その他、イスラエルへの防衛援助によってアメリカは世界最高の諜報機関であるイスラエルのモサドを利用したり、アイアン・ドーム（ミサイル迎撃システム）などの画期的な技術を利用したり、イスラエルでアメリカの兵器システムを実際に運用した経験からノウハウを得ることができること、そしてイスラエル軍は「洗練されたユーザー」と見なされており、イスラエルが選んだ武器はアメリカの武器産業にとって重要な販売促進の助けになることなどの利点をハダッドはこの論文で挙げています。

アメリカ政府は、自国の武器メーカーがイスラエル以外の中東諸国に武器を売る場合、イスラエルに不利にならないよう規制しています。アメリカの武器輸出管理法には、イスラエル以外の中東の国へ武器を売ったり輸出したりする場合、「イスラエルの軍事的優位性に不利な影響を与えない」ことの証明を求めています*26（同法2776条、軍事輸出に関する議会への報告及び証明）。つまり、アメリカの武器メーカーは、イスラエル以外の中東の国へは、イスラエルに売ったものより性能の劣る武器しか売れないということです。

この背景には、イスラエルとユダヤ人の利益を守るために活動しているアメリカの、「ユダヤ・ロビー」と呼ばれる圧力団体があります。アメリカ在住のユダヤ系アメリカ人は750万人ほどですが、政治や経済、文化面で大きな影響力を持っています。

しかし、このようなアメリカからの特別な支援を受けてもイスラエルは平和にならず、戦争やテロが断続的に続いています。

イスラエルの軍事費は、2005年には約1兆5000億円[*27]（1シュケル37円で換算）でしたが、増え続けて2021年には約2兆3000億円[*28]（同）と約8000億円も増えています。イスラエルの2022年の軍事費はGDP比4・51%[*29]で、同年度の日本の軍事費（防衛費）は1・09%（防衛省調べ）ですから、約4倍です。

2022年5月27日のイスラエルのテレビ局「KAN」は、軍の予測では次の戦争ではレバノンからイスラエルに向けて毎日1500発のミサイルが発射され、戦闘9日目にはイスラエル国内では300人が殺され80の施設が破壊される（レバノン側の死者は数千人と予想）と報道しました。[*30]

軍隊は国民を守れないとハッキリと認めているのです。アメリカから強力な支援を受け、毎年莫大な軍事費を使い、これだけ強い軍隊を持ちながら。それは、2023年10月7日、ハマス（イスラム抵抗運動）がイスラエルへの攻撃を開始し、およそ1200人が殺害されたことでより悲劇的に実証されました。

しかも、軍隊はとてつもなく環境を汚染します。アメリカ軍の温室効果ガス排出量は、世界の140カ国を合わせた量より多いと「ニューズウィーク」は報じています。[*31]

たとえば、アメリカの戦車M1エイブラムスは、燃料1ℓで200m強しか走れません。[*32]自動車は普通車ならガソリン1ℓで20km前後は走れます。F35戦闘機は、1時間で5600ℓのジェット燃料を消費します。[*33]仮にガソリン1ℓで20km走る自動車が、時速60kmで1時間走ったとすると、使うガソリンは3ℓです。ですから、F35戦闘機が1時間で使う5600ℓとは、1時間で3ℓを使う自動車1866台分（5600÷3）です。もちろん、ジェット戦闘機のジェット燃料と普通自動車のガソリンの違いはありますが、F35が1時間飛ぶと、ざっと1800台の自動車が1時間走るくらいの排気ガスを出すのです。

各自動車メーカーは、温室効果ガスを出さない電気自動車、「環境に優しい車」の開発を競っていますね。しかし、「環境に優しい戦車」とか「環境に優しい戦闘機」はありません。これは、軍隊が出す温室効果ガスは京都議定書（1997年）の枠外とされているからなのです。2015年のパリ協定では、京都議定書の軍事活動の報告免除が撤廃されましたが、報告は義務ではなく任意にとどまっています。[*34]

「『いつまでも戦うしかない』と子や孫にも言うつもり」

２００６年のレバノン侵攻、２００８年のガザ攻撃でわたしの「軍隊信仰」は崩れ去りました。改めて世の中を見まわしてみると、あちこちに戦争があり、差別があり、飢餓や病気に苦しんでいる人々がいます。気候危機も迫ります。

ただ、正直なところ、当時はそれらの問題が気になってはいましたが、「しょせん他人の問題。自分には関係ない」と自分自身にそれらの問題に関わらない言い訳をしている面もありました。それより、家具製作に打ち込み、ワインを飲む今の生活を楽しみたい……。

しかし、沖縄、難民、ＬＧＢＴＱなどの差別問題、気候危機、飢餓などの問題と戦争の共通性に、ある日わたしは気づいてしまいました。それは、「人権」です。人権を脅かされている人たちがこれだけ多いということは、わたしたちの人権レベルが低いということです。それは「わたし」の人権レベルも低いということです。誰かの人権が奪われていて、自分の人権だけが守られるということはありえない。

「これは捨て置けない」と思いました。「大草原の小さな家」に住むだけでは満足できない。それを話すと、かほるとも意見が一致しました。

それで2009年から声をあげ始めたのです。フェイスブックなどSNSを通してヘブライ語と日本語でイスラエルや日本の政策や時事的な問題を批判したり、自分の体験から戦争反対や人権の大切さを訴える講演を始めました。

日本の若者グループから2008年のガザ攻撃についての講演を頼まれたことはすでに述べましたが、その時は30人くらい集まりました。

参加者は、口では「いい話をありがとう」と言ってはくれましたが、目を見ればわたしが言いたいことが全然伝わらなかったことが分かりました。どうすればいいかあれこれ考え、友人から聞いたパワーポイントを導入してみることにしました。話の骨子や写真、グラフ、資料などをスクリーンに映し、分かりやすくする工夫をしました。かほるが毎回講演に来て、わたしの話し方や日本語表現をチェックし、アドバイスをしてくれました。

おかげでかなり改善され、講演依頼は口コミでどんどん増え、本業の家具製作のかたわらコロナ禍前には講演回数は年間90回に達しました。

しかし、SNSにヘブライ語でイスラエル批判を書くと、たいてい反発されます。

「あなたの考えたことはずいぶん前にすでに考えた人がいますよ」

「わたしたちに平和の進め方を教えないでください」

「あなたのアドバイスがなくてもわたしたちは平和の進め方はちゃんと分かっています」

それなら、とっくにイスラエルは平和になっているはずなのですが……。

イスラエル人は、特に外国から批判されるのを嫌います。イスラエルには「汚い服は家の中で洗濯しろ」ということわざがあります。身内の恥を外にさらすなという意識が非常に強いのです。

イスラエルの友人からも反発されました。彼はわたしがイスラエルで過ごした中・高校時代の旅行サークルで一緒だった人ですが、フェイスブックでこんなやりとりをしました。

――外国からイスラエルの批判をしちゃいけないのかい。

「もちろん批判してもいいけど、ダニーは外国にイスラエルを悪く見せようとしている。君は敵が大好きだけど、パレスチナ人がわたしたちを追い出そうとしていることに気づいていないね。PLOは、世界で最も悪意のある運動なのに」

――「悪意」と言うけど、それはイスラエルがパレスチナを占領しているからでしょう。

「イスラエルが占領するずっと前、シオニズムの始まりの1920年代からパレスチナ人はわたしたちを攻撃していたんだよ。攻撃される以上、反撃して占領するのは仕方がないじゃないか。イスラエルは1982年から2000年までレバノン南部への侵攻を続けたけど、国内で批判が高まり、撤退したでしょう。だからテロが起きた。やっぱり占領は正しかったんだよ。イスラエルが右傾化しているのは僕も認める。でも、それはパレスチナ人のテロと暴力のせいだよ。占領地をパレスチナ人に返すなんてありえない」

このようなやりとりの最後に、わたしは彼に聞きました。

——それなら、君は自分の子や孫に永遠に戦争が続くと言って育てるの?

彼の答えはこうでした。

「周りのパレスチナ(アラブ)人たちは、残念ながら『ユダヤ人を追い出せ』という洗脳教育を受けている。だから、『いつまでも戦うしかない』と子や孫にも言うつもりだよ」

このままじゃダメだと気づいたきっかけ

2011年3月11日、東日本大震災による福島第1原発事故が起きました。よりにもよってその翌日、イスラエルの母ミハルが死去したのです。わたしは交通網がマヒして大混乱の中、何とかイスラエルに帰国し、葬儀を済ませて日本に戻りました。

日本では、イスラエルから派遣された民間の緊急支援チームの通訳を頼まれ、わたしは被災地に入りました。あの惨状は、今も目に焼き付いています。人権と命を奪うのは戦争だけではなく、原発も同じだと思いました。

放射能の恐怖におびえる人々に、政府は「ただちに影響はありません」と繰り返しました。これは、「いずれは影響は出ます」とも受け取れます。にもかかわらず、「影響は出る」とは決して言わず、「ただちに」という副詞をつけて「影響はありません」を強調する。何という卑怯《ひきょう》で無責任な言葉でしょう。

これをきっかけに、わたしは原発問題について猛烈に勉強を始めました。

すると、原発産業と武器産業は極めてよく似ていることに気づきました。それは、「少数の利益のために多数が犠牲になる」という点です。これをごまかそうとするから卑怯になり、無責任になります。国民をだますことになるのです。

わたしたちは「だましの手口」にもっと敏感であるべきです。そして、わたしはもっと勉強をしなくちゃいけない。勉強をしなかったから脱原発の声をあげるのが遅くなったと痛切に反省しました。

そこで、地元秩父で志を同じくするさまざまな職業の人々と、「原発とめよう秩父人」という市民運動のグループをつくりました。

原発労働者や放射能汚染の専門家、海洋汚染の専門家、再生エネルギーの専門家らを招いて勉強しました。それから、放射能測定器を購入して汚染マップ作製に協力したり、福島第1原発20㎞圏内ツアーを開催したり、過去の原発事故などの教訓を忘れないため、日付欄にそれらが起きたことを記録したカレンダーの発行も事故後、毎年続けています。[*35]

2015年に、わたしたちは福井県の美浜《みはま》原発を見学しに行った際、海岸で1人のおばあさんに出会いました。目の前に原発が見えます。声をかけてみました。

――こんなに近くに原発があって、嫌じゃないですか。

「嫌です。でも、声をあげたらわたしは村八分になってしまいます」

日々放射能汚染の恐怖にさらされている地元の人々ですが、地元自治体に電力会社から落とされる巨額の「原発マネー」（電源三法による交付金など）と発電所や下請け会社の雇用などさまざまなしがらみの中で暮らしており、原発が嫌でもなかなか声をあげられないのだと知りました。

このことが「原発とめよう秩父人」の定例会で話題になりました。すると、「そういう人たちのためにも、声をあげられるわたしたちは声をあげよう」となりました。

わたしたちが秩父に住み始めた頃、地元に住む陶芸家の家で開かれたパーティに呼ばれたことがあります。その席で、彼の陶芸の師匠が「もの作りの人の使命とは、世の中を良くすることだ」と言ったことが強く印象に残りました。師匠はその理由を説明しませんでした。わたしはその意味をすぐに理解できたわけではありませんが、その後、木を削りながら、家具を組み立てながら折に触れて考え続け、今ではこう考えています。

わたしは注文家具の製作をなりわいにしています。生活を味わい深いものにし、世代を超えて受け継がれていく家具、100年もつ家具を作ろうと心がけています。ただし、100年後も使う人がいないといくら丈夫な家具を作っても無意味です。次世代が本物の家具を味わい、生活を楽しみ、彼ら、彼女らが豊かに生きられる社会を手渡すのは、わたしたちの世代の責任ではないか、と。100年後の家族が、わたしが作ったちゃぶ台を囲んで団らんする光景は、きっと平和な世の中だろう、と。これこそ「もの作りの人の使命」だと思うのです。

わたしは2008年のガザ攻撃で子どもが345人も殺されたことを契機に声をあげ始めましたが、その3年後の2011年に東日本大震災と福島第1原発事故を経験し、心底「わたしたち、このままじゃダメでしょう」と思いました。特に戦争や原発は次の世代を途絶させてしまいます。

福島第1原発事故が起こった翌日、母が死去し、何か因縁めいた「使命感」とでも言うべきものを一層強く感じるようになりました。
人生の半分が過ぎていましたが、わたしは50代で大きく変わりました。

第3章　虐殺された民族が虐殺する

アウシュヴィッツへの家族旅行

２０１１年は東日本大震災と福島第１原発事故だけでなく、わたしたち家族には忘れられない出来事がありました。

それは、親子５人でアウシュヴィッツを訪れたことです。

当時高校２年生の次女が、突然「１回くらい本当の外国旅行がしたい」と言い出しました。「本当の外国旅行って何？」と聞くと、「アウシュヴィッツを見に行きたい」とのことでした。理由は聞くまでもありません。アウシュヴィッツで殺された親族がいることは折に触れて子どもたちに話してきましたし、ユダヤ人を父に持つ娘として見ておかなければならないと思ったのでしょう。

わたしもアウシュヴィッツのことはイスラエルで過ごした小・中・高校時代に繰り返し教えられてきたのに、実際に行ったことはありませんでした。

わたしたち家族は、気安く外国旅行に行ける経済的余裕はありませんが、アウシュヴィッツだけは何としても行こうと思いました。それで次女に予算を示し、1週間程度の旅行の計画をまかせました。

そしてその年の夏、ポーランドのクラクフ近郊にあるアウシュヴィッツと近くのビルケナウ強制収容所（アウシュヴィッツ第2収容所）跡地を訪ねました。この2つは、今は国立の博物館になっています。

ナチスの思想（ナチズム）の根底には人種差別があります。「ゲルマン民族などのアーリア人種は最も優れた人種だが、ユダヤ人は最も劣る人種」「ユダヤ人など劣等民族は絶滅させる他ない」などという非科学的で独善的な主張です。

そもそも「アーリア」とは言語を分類する際の概念で、「アーリア人種」なる人種が存在するわけではありません。またユダヤ人とは人類を生物学的に分類した「人種」ではなく、文化的特徴で分類した民族です。

しかし1935年、ナチスはユダヤ人によって「アーリア人種」の純血が汚されないためとしてニュルンベルク法という法律を制定、ユダヤ人から市民権を剝奪《はくだつ》し、ドイツ人との結婚を禁止してしまいます。

ナチスはロシア革命を指導したボリシェヴィキ（ロシア共産党の前身）にはユダヤ人が多かったなどと宣伝し、社会主義化を避けたい資本家や中間層の恐怖心をあおり、他方民衆にはユダヤ国際資本が世界を征服しようとしているという「ユダヤ人陰謀説」をまことしやかに広めていきます。

１９４２年1月、ナチ党とドイツ政府の高官らがベルリン郊外のヴァンゼーに集まり、『労働可能』ユダヤ人には奴隷的労働による苛酷な搾取と『自然的減少』の運命を、『労働不能』ユダヤ人にはガス殺による即刻殺害という選別計画」を了承しました。[*1] 同会議に出席した親衛隊中佐のアドルフ・アイヒマンは、強制収容所へのユダヤ人の移送は、「大ドイツ国家領域のユダヤ人問題の『最終解決』のはじまりである」と明言しました。[*2]

そして、最終的にはユダヤ人だけで６００万人、他に政治犯、ロマ、障がい者、同性愛者なども殺されました。アウシュヴィッツとビルケナウ収容所では１１０万人が死亡したり、殺害されたとされています（これら死亡者数には諸説あります）。

わたしたちはガイドに解説してもらいながら3時間、その後も家族だけで1時間、収容所の跡地やさまざまな展示を見て回りました。

収容所の正門を入ると、上部には「ARBEIT MACHT FREI」（働けば自由になる）とドイツ語で書かれた看板が掲げられていました。強制労働の末に殺されるのに……。ヨーロッパ各地から貨車で移送されてきた「囚人」たちは、生産性によって選別されました。障がい者、子ども、病人ら生産性がないと判定された者は即ガス室へ、生産性があると判定された者は強制労働へと。

ガス室には、「シャワーを浴びさせてやる」と言われ、裸にされて詰め込まれました。「囚人」たちは、毒ガスで「効率的」に殺害されていきました。

ガス室送りをまぬがれた「囚人」は、左前腕部に登録番号の入れ墨をされました。一生消えない番号を彫っておけば脱走した際に捕まえやすいし、また死亡した場合に管理しやすい。さらに、「囚人」を名前の代わりに数字で呼ぶことで、人としての尊厳を奪う目的もあったのではないかと言われています。

イスラエルのわたしが生まれたモシャブ（村）や近くのモシャブには、アウシュヴィッツの生き残りの人が何人かいました。その一人のヤエル・ブリルさんという女性（2022年に94歳で死去）の左前腕部には「A-10871」と彫られていました。「A」とはアウシュヴィッツの「A」でしょう。

　ヤエルさんは、わたしの妹の同級生の母ですが、生前、アウシュヴィッツのことは子どもたちに何一つ語らなかったそうです。タブーだったのです。

　ヤエルさんが亡くなった後、彼女の娘は母の腕の番号をお墓に刻みました。最近、生存者の子孫の中で、ナチスの蛮行を二度と繰り返させないとの決意を込めて、自分の腕に生存者の番号を彫る人が増えているそうです。

ヤエル・ブリルさんの墓。「A-10871」が墓にも刻まれている

　わたしのイスラエルの生家の近くに住んでいたアリエ・ワインスタインさんもアウシュヴィッツの生存者でしたが、２０２１年に96歳で亡くなりました。

　アリエさんの腕にも番号が刻まれており、子どもの頃わたしはそれを何回も見ました。当初はその意味を理解できませんでしたが、やがて分かるようになりました。彼も、子どもたちにはその番号の話をしませんでした。

ただ、アリエさんは、生前モシャブの広報誌には体験を語っています。それによれば、アウシュヴィッツで生活した「囚人」は、過酷な労働と粗末な食事で骨と皮ばかりになります。そういう人がガス室で殺されて遺体焼却炉で焼かれると、煙突からは灰色の煙が立ちのぼるだけだそうです。

ところが、アウシュヴィッツに貨車で到着したばかりでまだ痩せていない「囚人」がガス室で殺され、焼却されると煙は黒く、煙突から火が噴き出したといいます。遺体の脂肪が燃えるからです。だから、「囚人」たちは煙の色を見て今はどういう人が燃やされているのか分かったそうです。

しかし、アリエさんの体験によれば、そんな絶望的な状況の中でも抵抗した人たちはいました。ナチスの厳重な警備をかいくぐって地下組織をつくり、病人や衰弱している人たちの食料を確保したり、爆薬を密かに入手してビルケナウに4つあった遺体焼却炉の1つを爆破しました。

けれども、爆薬を入手した4人の女性の「囚人」は逮捕され、見せしめのためでしょう、みんなの前で絞首刑に処せられました。

ぞっとしたのは、「囚人」たちから刈り取られた毛髪の山の展示です。この毛髪はマットレスや毛布などに加工されたそうです。

　また、ナチスは「囚人」の係の者に遺体から金歯を抜き取らせて金の延べ棒をつくるなど遺体を「合理的」に徹底利用しました。「生産性」とか「効率的」とか「合理的」とか、現在のわたしたちも信奉している価値観のいきつく果てを、ナチズムは先取りしていたようです。

「囚人」のトイレも展示されていました。

アウシュヴィッツ・ビルケナウ強制収容所跡で見たトイレ。これが3台並んでいた

トイレ棟は何カ所かありました。1棟には、コンクリートの台に直径30㎝ほどの穴が1列に58個。それが3台並んでいました。隣と仕切る板などはなく、衆人環視の中で排尿排便をさせていました。ガイドによれば、用を足すのに許された時間はわずか20秒ほどでした。

　トイレの数も数万人はいたとされる収容者に対して少なすぎます。しかも、使えるのは炭鉱や岩石の採掘、建設工事、軍需工場などでの強制労働に出かける前の朝と帰ってきてからだけです。

わたしの父方の祖父ヨセフは、1902年にアウシュヴィッツ（現オシフィエンチム）で生まれました。けれども、1920年にイスラエルへ移住していたので、虐殺はまぬがれました。ヨセフは、1947年にアウシュヴィッツに残った家族と親戚を捜しに行きましたが、生存者は誰もいませんでした。アウシュヴィッツで殺されたと思われます。誰と誰が殺されたのかわたしは知りません。うちでもアウシュヴィッツの話はタブーでした。

家族と親族のうちの生存者を1人も見つけられなかった衝撃から立ち直れなかったのでしょう、ヨセフは1950年に自殺してしまいます。

母方の曽祖父も、アウシュヴィッツではありませんが、チェコのテレジン強制収容所で凍死したことが確認されています。

ナチスは、アウシュヴィッツでさまざまな人体実験を行っていました。中でも双子の人体実験は「アーリア人」の人口を増やすため、ナチス親衛隊大尉で医師のヨーゼフ・メンゲレが重視していたと言われています。人為的に双子を産ませることができるか研究していたようです。メンゲレは、双子に異様にこだわっていました。アウシュヴィッツの囚人で医師だったマルティナ・プジナという人はこう証言しています。[*3]

「囚人輸送が始まってからというもの、わたしはメンゲレがビルケナウの荷役ホームに立っているようすが見え、『双子は列の外へ！』と叫ぶのが聞こえました。荷役ホームを歩きまわって双子を探している姿は、正気を失っているようにも見えました」

わたしの母方の祖父アハロン（1993年に91歳で死去）の双子の兄たち（ヒューゴとベノ）もアウシュヴィッツで殺害されています。人体実験の対象にされたかは不明ですが、その可能性は高いと見ています。アウシュヴィッツ跡地の博物館には、ガリガリに痩せている双子の写真が展示してありました。

アハロンは、1924年にドイツからイスラエルに移住していたので無事でしたが、ドイツに残った双子の兄たちの消息を知りたくて、何らかの手がかりがつかめる手紙を長い間待っていました。そして戦後になってやっと、兄たちはアウシュヴィッツに強制収容され、殺害されたことを知ります。

アハロンは、生前、住んでいたキブツで半生の記録を残すインタビューを受けましたが、14頁の記録の中で、ホロコーストで殺された双子の兄たちのことについては、たった一言しか語っていません。「残念、脱出できなかった」と。わたしたち親族も、大事な家族の歴史なのに、恐ろしくて何も聞けませんでした。

アウシュヴィッツからの帰途、家族はみな押し黙っていました。見学の感想を話し合ったという記憶はありません。とにかく息苦しく重苦しい体験でした。人間はここまで冷酷非道になれるのか、国家はここまで人権を無視できるのか、と。

しかも、その被害者にわたしたちの親族が含まれているのです。家族の原点と人間の暗部が重なり合っているアウシュヴィッツを訪れた後、すぐには立ち直れませんでした。

しばらくして、ようやくわたしは平和のために声をあげるという使命感を一層強く感じ

祖父アハロンの双子の兄たち、ヒューゴとベノ（左右の端に立つが2人を識別できず）。1920年頃

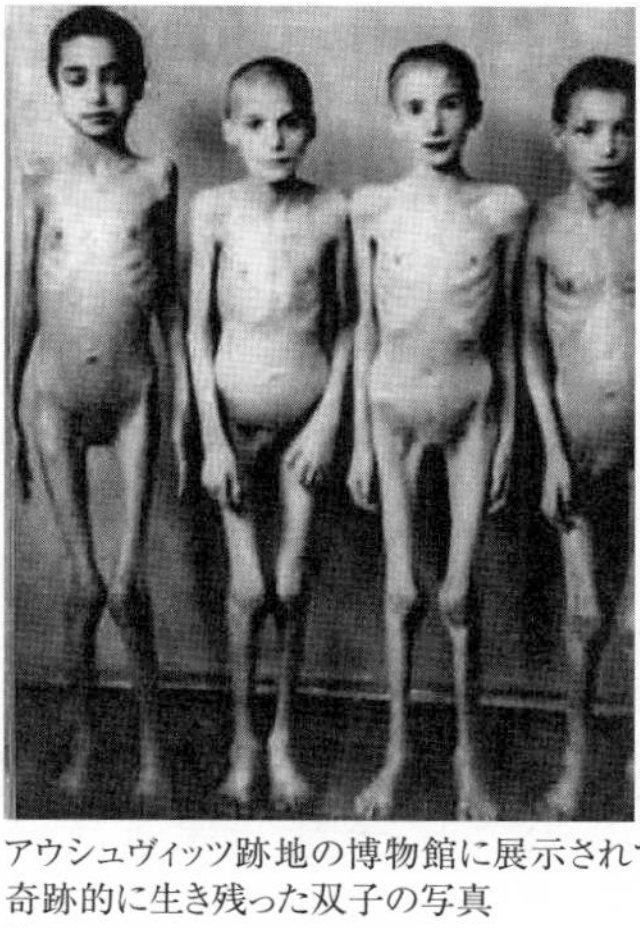

アウシュヴィッツ跡地の博物館に展示されていた奇跡的に生き残った双子の写真
(The Archive of The State Museum Auschwitz-Birkenau in Oświęcim.)

るようになりました。次女にとってもアウシュヴィッツを見たことが今後の人生に活かされれば、２０１１年のわたしたちの旅は「本当の外国旅行」になるでしょう。

「アウシュヴィッツで笑う」

ユダヤ人を強制収容所へ移送する計画の中枢を担い、虐殺の責任を問われたナチス親衛隊の中佐だったアドルフ・アイヒマンが、裁判で「命令に従っただけ」と答えたことを、ドイツ出身のユダヤ人でアメリカに亡命した哲学者のハンナ・アーレントが「凡庸なる悪」と述べたのはよく知られています。その裁判で、アイヒマンは「極悪非道の大悪人」ではなく、単なる出世好きの平凡な小役人だった姿が浮かび上がりました。

しかし、このアイヒマン像は、その後発見された史料や研究から「仮面」であって、やはり「反ユダヤ主義者」だったなどの見解が強まっているようです。

ただ、現在のイスラエルでは、「命令に従っただけ」というアイヒマンの言葉は、責任逃れと見なされ、わたしたちは親や教師らから「命令に従っただけ」などと決して言ってはいけないと言われて育ちました。にもかかわらず、イスラエル軍の兵士は、パレスチナ人の人権を「命令に従って」侵害しています。

左の写真は、わたしが講演でよく使うものです。彼らは、アウシュヴィッツでユダヤ人らの虐殺に加担した人たちです。アウシュヴィッツの南約30㎞のところに、「ソラヒュッテ」と呼ばれる同収容所職員のための保養所があり、そこでアウシュヴィッツの最後の副所長だったカール・ヘッカーが撮影しました。

「アウシュヴィッツで笑う」と題された兵士、職員らの写真
(Rare Historical Photos)

世界各地の戦争、紛争などの「希少な歴史的写真」を公開しているサイト(Rare Historical Photos)[*4]で、この写真には「アウシュヴィッツで笑う――アウシュヴィッツ職員のためのリゾートでポーズをとるSS補助員(1942年)」という表題がつけられています。「SS」とは、ナチスの親衛隊のことです。そして、キャプションには、「歌を歌う準備をしている(強制)収容所スタッフの顔には笑みが浮かんでいる」とあります。

一方で毎日多くのユダヤ人らがガス室で殺害され、

他方でそれに加担している職員は保養地でくつろいでいる。その落差に頭がクラクラします。

虐殺の仕事に関わっていた職員が、生まれ付きの「殺人マシーン」であったとは到底考えられません。彼らは、平時では普通の人たちなのでしょう。しかし、戦争になり、上官の命令に従わざるをえなくなると普通に「残酷」なことをしてしまうのです。

普通の人間が命令によって人間性を捨てることがあるのです。

強制収容所の職員にとって、ユダヤ人らの苦しみと死は日常的で、彼らには、普通の仕事にしか思えなかったのでしょう。いや、最初は「残酷」と思ったでしょう。その現実は、見て見ぬふりをし、歌と踊りで息抜きをしないと気が狂うほどだったのかもしれません。けれども、日常的に「残酷」が続くうちに、「残酷」が普通になり、他人の痛みを感じられなくなっていく。普通に仕事として虐殺し、仕事が終われば普通に息抜きをする。そして、「アウシュヴィッツで笑う」ことができるようになっていくのです。

彼ら職員にもユダヤ人虐殺に加担した点で罪はあります。しかし、強調しておきたいのは、彼らも犠牲者だったということです。

「帰還可能点」と「帰還不能点」

ホロコーストの重大な教訓の一つは、「独裁者の命令には従ってはいけない」ということです。ドイツのキリスト教の牧師で、反ナチ運動の指導者だったマルティン・ニーメラーの次の言葉を聞いたことのある人も多いと思います。アメリカのジャーナリスト、ミルトン・マイヤーに、ある言語学者が語った中に出てくる言葉で、以下のような内容です。[*5]

すべてが起ってしまってから、「発端に抵抗せよ」と「終末を考慮せよ」というあの有名な一対の格言を私は何度も考えてきました。でも、発端に抵抗するためには、それが発端だとわかるためには、終末が見越せなければならないのです。(中略)ニーメラー牧師は(御自分についてはあまりにも謙虚に)何千何万という私のような人間を代弁して、こう語られました。ナチ党が共産主義を攻撃したとき、私は自分が多少不安だったが、共産主義者でなかったから何もしなかった。ついでナチ党は社会主義者を攻撃した。私は前よりも不安だったが、社会主義者ではなかったから何もしなかった。ついで学校が、新聞が、ユダヤ人等々が攻撃された。私はずっと不安だったが、まだ何もしなかった。ナチ党はついに教会を攻撃した。私は牧師だったから行動した

――しかし、それは遅すぎた、と。

アウシュヴィッツとビルケナウ強制収容所の跡地を見て、わたしは「帰還不能点」について考えました。これは、わたしがイスラエル空軍のパイロット養成学校で学んだことです。飛行機には「帰還不能点」があります。燃料とのかね合いで、一定の時間以上飛ぶと基地に引き返せなくなるという限界です（前掲の言語学者の言う「終末」ですね）。これをホロコーストにあてはめるとどうなるか。

ユダヤ人絶滅政策が決定される前はもちろん、決定された後でもユダヤ人を実際に殺すという「帰還不能点」までは、まだ引き返せる無数の「帰還可能点」があったはずです。

さまざまな形でホロコーストに関わった軍人、政治家、官僚や一般市民らはおそらく数万人、数十万人にのぼったでしょう。それらの人々は、しかし、一部の例外を除き、アコーディオンを弾いて歌う男女のナチスの兵士と職員のように唯々諾々と命令に従いました。彼らには声をあげ、抵抗する機会はいくらでもあったはずです。

しかし、彼らはニーメラーの言葉のように見て見ぬふりをしているうちにいつの間にか「帰還不能点」を過ぎてしまったのです。

飛行機は、「帰還不能点」に近づけば近づくほど引き返せなくなる可能性が高まります。同じように、戦争についても「帰還不能点」に近づけば近づくほど声をあげにくくなり、ついには止められなくなってしまうのです。

ですから、まだ「帰還可能点」であるうちに、なるべく早く、戦争につながりそうなことに気づくたびに、わたしたちは声をあげるべきです。特に社会的な影響力のある人たちは、声をあげる社会的責任があると思います。

未熟だったわたしたち

それにしても、なぜユダヤ人はこれほどまでに差別されるのでしょうか。

ヨーロッパのキリスト教会は、数世紀にわたり、ユダヤ教体制に批判的なユダヤ人や、イエスを恨んだユダヤ人の指導者が、イエスをローマに反逆者として引き渡したと教えてきました。イエスが殺されたのはユダヤ人のせいだということです（ちなみに、現在の歴史家の通説は、イエスがローマによって迫害されたのはユダヤ人のせいではなく、当局が彼をローマ支配に対する政治的脅威と見なしたからだというものです）。

ユダヤ人は土地所有や職人組合に加入することを許されず、やむなくキリスト教徒が忌み嫌う「金貸し」など限られた職業にしかつけませんでした。そのことがまたユダヤ人への偏見と差別を増幅させていきます。

このような以前からあったユダヤ人差別を政治的に拡大し、利用したのがナチスです。当時のドイツは、第1次世界大戦の敗北で戦勝国から巨額の賠償金を課され、世界恐慌により失業者であふれかえるなど、民衆の不安や不満が鬱積《うっせき》していました。

政治指導者にとって、「敵」をつくれば民衆を扇動し、統治しやすいのです。差別は絶対に許されません。ただ、わたしが見るところユダヤ人の側にも「敵」として利用されやすい面がありました。

ユダヤ人はローマに滅ぼされ、世界各地に離散した後も2000年間、ユダヤ教の「選民思想」のもと、戒律を守って土曜日を休み、同じ食べ物を食べ、同じ祭りを続けてきました。また服装や容姿も独特です。男性はキッパと呼ばれる小さな帽子をかぶり、あるいは、「超正統派」（ハレーディーム《神を畏れる人》）と呼ばれる人々はヒゲを長く伸ばし、黒ずくめの服装に山高帽のような帽子をかぶっています。これらの習俗は、悪意のある政治指導者からすれば、「あいつらが敵だ」と指さしやすいでしょう。

しかし、ユダヤ人は離散した地域の習俗にあわせず、自分たちの習俗を貫き通しました。

わたしたちは神様に選ばれた民族。他の民族とは違う。わたしたちは優れている。差別されればされるほど、逆にこのような意識が強くなっていきました。

イスラエルの熱心なユダヤ教信者は、このように民族を支えてきたユダヤ教の神に目覚めて初めて一人前の人間になると考えています。わたしのような信仰を持たない者は、信仰を持つ人にさげすまれます。

ユダヤ人は、特に結婚についてはアイデンティティーに関わるのでこだわります。

母親がユダヤ人でないと生まれた子どもはユダヤ人ではなくなるので、たとえばドイツに住むユダヤ人の女性がドイツ人の男性と結婚するのはそんなに嫌がられませんが、ユダヤ人の男性とドイツ人の女性の結婚は歓迎されません。

わたしが日本人のかほると結婚したことも、親族の中には口には出さなかったけれども嫌がっていた人はいたと思います。幼なじみに、「生まれる子どものためにかほるはユダヤ教に改宗したほうがいい」と言われたこともあります（もちろん改宗はしていません）。

このように、アイデンティティーにこだわり、長い歴史的な苦難に耐え、民族絶滅の危機だったあのホロコーストの惨禍にみまわれながらも、ユダヤ人はついに悲願だったイスラエルを建国し、イスラエルの地に戻れました。

ホロコーストの最大の教訓は、何と言っても人権の大切さということです。あのような人道にもとることは、今後絶対に許してはなりません。ですから、この教訓をイスラエルは実践し、人権を守り発展させる「お手本」のような国になるべきでした。

ところが、現実は正反対になってしまいました。わたしの講演で最も多い質問は、「ナチスによって人権を奪われたユダヤ人が、なぜパレスチナ人の人権を奪うのですか」です。

1961年、ユダヤ人を強制収容所へ移送する計画の中枢を担ったアドルフ・アイヒマンの裁判が開かれ、62年に死刑が執行されました。その裁判後、当時のイスラエルのゴルダ・メイア外務大臣（後の首相）はこう語りました。[*6]

「わたしたちがされたことが明らかになった今、わたしたちが何をしても、世界の誰一人としてわたしたちを批判したり指図したりする権利はない」

ヘブライ語には日本語の「被害」に当たる言葉はありますが、「加害」に相当する言葉はありません。ユダヤ人は、自らの「加害」性を疑う点が弱い民族なのかもしれません。

ある時、わたしが知人に「アイヒマンが裁判で『命令に従っただけ』と釈明したのと、イスラエル軍のパイロットが『命令に従ってガザで爆弾を落としただけ』と言うのは同じじゃないか」と批判すると、彼は猛然とこう反論しました。

「全く違うね。イスラエルは600万人も殺したか？　ガス室を使ったか？　ユダヤ人はドイツでテロをしなかったぞ……」

イスラエルでは、「レオラム・ロ・オド（LEOLAM LO OD）」という表現がよく使われます。日本語にすると「二度と許さないぞ」という意味です。

この「二度と許さないぞ」を、わたしたちはユダヤ人の人権が奪われるのは二度と許さないぞ、という段階にとどめてしまい、パレスチナ（アラブ）人の人権や他の民族の人権が奪われるのも決して許さないぞ、という普遍的な段階まで高められませんでした。

2000年もの間、「来年はエルサレムで礼拝を」はユダヤ人同士の挨拶の決まり文句でした。それが、ホロコーストを経てパレスチナ人の土地を奪い、イスラエルを建国することでついに実現しました。ゆえに、払った犠牲のあまりの大きさから、また周りをアラブ諸国に囲まれている状況から、この国だけは何としてでも守らなければならないという意識が非常に強くなりました。その際、言論や外交に頼るのではなく、武器を手に取ってしまいました。銃の引き金を引いてしまったのです。

武器には「魔性」があります。武器が手に入ると、人はその瞬間に変わってしまいます。被害者と加害者が入れ替わるのは実に簡単なことなのです。

第1章で、すばらしい人格の持ち主であるわたしの同期のパイロットたちの部隊が、戦争になると平気で爆弾を落としたことを述べましたが、どんなすばらしい人でも戦争になれば平気で人を殺します。そして、現在にまで続くパレスチナ（アラブ）人とイスラエル人との殺し合いの泥沼へとつながっていくのです。

２０２０年11月に、わたしは埼玉県の県立高校で「イスラエルとパレスチナ」をテーマに講演をしました。終了後、講演を企画した教師が、生徒に戦争と平和をテーマにした詩の創作を課題にし、わたしも頼まれたのでこんな詩をつくりました。

ナチスによって親戚が殺されたあなた
パレスチナ人を殺したあなた
赤ちゃんが殺されるのを見て悲鳴をあげたあなた
赤ちゃんを殺したあなた
人権を奪われたあなた
人権を奪ったあなた
境界線を教えてくれ

境界線？
それは武器が手に入った瞬間

ホロコーストを体験したユダヤ人は、戦争や大量殺戮の非人道性を世界で一番身に染みて感じたはずなのに、その体験を歪めてしまいました。わたしたちは未熟でした。

ここに、シオニズムの大失敗の原因があります。

「なかったことにする」という差別

イスラエル初代首相ベングリオンはシオニズムの指導者で、「建国の父」と言われます。

1948年5月14日、彼はイスラエル独立宣言の中で、イスラエルは、「宗教、人種、性別に関わりなくすべての住民に、社会上及び政治上の完全にして平等の権利を確保し、信仰、良心、言語、教育及び文化の自由を保障し、すべての宗教の聖地を保護し、国連憲章の諸原則を忠実に守る」と格調高く述べました。

ところが、直後に勃発した第1次中東戦争でイスラエルはパレスチナを占領して1万人とも1万5000人とも言われるパレスチナ（アラブ）人を殺し、多くの人々を追い出しました。さらに、その後ベングリオンはパレスチナ人は「いなかった」ことにしようとします。1952年1月20日の閣議で、彼はこう述べています。[*7]

「ネゲブ砂漠に第1次中東戦争で追い出されたパレスチナ人の家々の残骸が残っているが、通りかかった人が見ると『これは何だろう』という疑問が出る。これはまずい」

彼はイスラエルがパレスチナ人を虐殺し、追い出した非道が明白になるのを避けたかったのです。これはわたしたちの記憶すら抹消しようとする点で、虐殺以上の非道です。

イスラエル政府は追い出したパレスチナ人の家々の残骸を片付け、森や国立公園などにしてしまいました。それを専門に行う「景観・史跡整備委員会」が設置されました。[*8]

また、パレスチナ（アラブ）風の名称が残っていると、人はいなくてもかつてはパレスチナ人が住んでいた名残は感じられます。だから、パレスチナ風のアラビア語の名称は、次々にイスラエル名（ヘブライ語）に変えられていきました。その仕事をしたのが「政府命名委員会」です。記憶を消すだけでなく、「名残」すら感じられないようにしたのです。

この委員会の委員が、イスラエル軍の週刊誌「BAMAHANE」（「バマハネ」はヘブライ語で敷地内の意）で、どんな仕事をしているかを説明しています。[*9]

「わたしたちの仕事は、アラビア語の名前をイスラエル名にすることでは終わりません。

早くそのイスラエル名を浸透させ、元のアラビア語の名前を抹消しなくてはなりません」同誌によれば、彼らは、子ども用の週刊誌まで指導したそうです。「あなたがたの雑誌には、時々『間違えて』アラブの名称が載っていますが、注意してください」などと。

これは、国家による「検閲」ですね。イスラエルは、国をあげてパレスチナ（アラブ）の記憶や「名残」を抹消しようとしているのです。

第1次中東戦争で70万人以上とも言われるパレスチナ人が難民となって離散した「ナクバ」は、ユダヤ人の離散に比べれば「少ない」かもしれませんが、民族の存亡に関わる悲劇という点では同じです。そのナクバを、イスラエル政府は、国内の学校で教えるのを禁じていました。イスラエルにはアラブ人の行く学校もあるのですが、そこでも禁止です。

しかし、２００６年にパレスチナ国家の建設を容認する中道派の政党が政権を取ると、教科書でナクバを教えることが認められました。

けれども、２００９年にパレスチナ国家建設に反対する右派リクード党へ政権が交代すると、また教科書でナクバを教えることが禁止されてしまいます。そして、通称「ナクバ法」という法律が制定されました。これは、簡単に言えば、ナクバの日の記念行事をやるような個人や団体には、国の予算はつけないという法律です。ナクバはなかったことにしたい意図が露骨です。記憶の抹消は差別、そして戦争と表裏一体なのです。

「世界一悲惨な歴史」に開き直るイスラエル人

2001年、イスラエル空軍初の女性戦闘機パイロットが誕生しました。彼女は、ロニ・ツッカーマン（1981年生まれ）といい、1943年のユダヤ人のワルシャワ・ゲットー蜂起のリーダーの一人だったイツハク・ツッカーマン（1915〜81年）の孫娘です。

1939年以降、ナチス・ドイツは、東欧各地の占領地にいくつもの「ゲットー」と呼ばれる隔離地域を設け、ユダヤ人を強制的に移住させました。その中で、ポーランドのワルシャワ・ゲットーは、40万人以上の住民が暮らす最大のゲットーでした。

ゲットーは出入り禁止で、ユダヤ人は正三角形に逆向きの正三角形を組み合わせた「ダビデの星」（ユダヤ人の象徴）の印を服の胸や腕などにつけることを強いられ、強制収容所に移送されるまで住まわされました。高い壁で外界と隔てられ、逃亡すると射殺です。食料は配給制で貧弱、非衛生的で伝染病や飢えから多くの人々が死亡しました。

そんな中、ユダヤ人の抵抗組織がつくられ、武装蜂起を計画します。ツッカーマンらは下水道を使ってゲットーに武器弾薬を運び込みます。が、結局、蜂起は鎮圧されてしまい、住民の大半はナチス親衛隊に捕らえられ、強制収容所に送られていきました。しかし、ツッカーマンは逃亡に成功、戦後はイスラエルに移住し、キブツで暮らしました。前述のアイヒマン裁判で証言もしています。

このような経歴のイツハク・ツッカーマンは、国民的英雄です。だから、その孫娘のニュースは快挙としてイスラエルでは大きな感動を呼びました。「あのツッカーマンの孫がイスラエルを守る空軍のパイロットになった」「さすが、ツッカーマンの孫」と。このストーリーに、多くのイスラエル人は涙腺をゆるめ、「お涙頂戴物語」として語られました。

しかし、イツハクがやったこととロニがやっていることは正反対です。

イツハクは、ゲットーからユダヤ人を解放するために戦いました。が、孫のロニは反対にパレスチナ人がガザ地区から逃げないよう監視しているイスラエル空軍の一員です。わたしは、彼女が実際にパレスチナ人を監視する仕事をしていたかどうかは知りません。けれども、彼女の属する空軍は間違いなく監視活動をしているのです。

ある時、わたしは「ロニの祖父は人権のために戦ったけど、ロニは逆に人権を抑圧している軍隊の一員です」とヘブライ語でフェイスブックに書きました。すると、ある女性から「彼女はイスラエルを守る空軍で大事な仕事をしているじゃない。彼女の悪口だけは言わせない」と感情的な反発が返ってきました。

イスラエル人は、ガザ地区を「ゲットー」と呼ぶことを嫌います。「ゲットー」はユダヤ人を閉じ込めた地域だけを言うものだという非常に強い意識があります。自分たちが経験したほどの悲惨は他にはないと思いたいのです。そう思わなければ、自分たちも実はパレスチナ人に対して自分たちがされたことと同じことをやっているのだと認めなくてはならなくなります。「イスラエルは600万人も殺したか?」という前述の理屈と同じです。

しかし、「ゲットー」かどうかを決めるのは、中にいるパレスチナ人であって、封鎖をしているユダヤ人ではありません。

人間は、とかく自分の罪は過小に、他人の罪は過大に見がちですが、わたしは自戒も込めて、そのことを自覚していたいと思っています。

しかし、イスラエル人はその自覚が実に弱く、世界で最も悲惨な歴史の教訓を活かすどころか、開き直ってさえいます。

たとえば2003年にはこんなこともありました。この年は、ポーランド空軍の創設85周年でした。そこで、イスラエル空軍はポーランド空軍と記念の合同演習をすることになったのですが、その帰路にイスラエル空軍だけでデモンストレーションとしてアウシュヴイッツ強制収容所跡地の上を飛ばせてもらいたいと申し出ました。

しかし、ポーランド側は、アウシュヴィッツ跡地は今は平和を祈る場だから、その上を戦闘機で飛ぶのはふさわしくないと反対しました。

けれども、イスラエル側はあきらめず、交渉を続けました。やむなくポーランド側は、イスラエル空軍が①低空飛行をしない、②実弾は装着しない、の2つの条件つきでアウシュヴィッツ跡地上空を飛行するデモンストレーションを認めました。

さて、当日の合同演習の後、帰路につく途中でイスラエル空軍の3機の戦闘機は①と②を完全無視、実弾をつけ、低空飛行でアウシュヴィッツ跡地の上を飛んだのです。

当然、ポーランド側は激怒し、イスラエルに厳重に抗議しました。しかし、イスラエルでは「やってしまえばこっちのもの」とばかりに、イスラエル空軍の歴史に残る快挙として拍手喝采されました。

「ユダヤ人はアウシュヴィッツで虐殺されたけど、今ではこんなスゴイ戦闘機を持つ強い国になったんだぞ。虐殺は二度と許さないぞ（レオラム・ロ・オド［LEOLAM LO OD］）」と多くのイスラエル人は世界中にアピールできたと思い、胸のすく思いをしたのでした。

「ダニーさんは今でもドイツ人を恨んでいますか」

このようなイスラエル人とは対照的な人物に、わたしは会ったことがあります。日本に住んでいたドイツ人が、2020年に秩父のわたしの家を訪ねてきました。彼は若い地質学の研究者で、研究道具を木で作る依頼を受けました。わたしは注文通りに作ってあげました。この人は妻が日本人で、当時2人で隣町の長瀞に住んでいました。彼は、ひとしきり挨拶が終わると、わたしに「ごめんなさい」と日本語で謝りました。ドイツがホロコーストでユダヤ人を大量虐殺した罪をわたしに謝ったのでした。ビックリしました。イスラエルのわたしが住んでいたエメック・ヘフェル（Emek Hefer）という地域とドイツの姉妹都市・ゴスラー市（Goslar）との間では友好を深めるための交流があり、わたしは高校時代にドイツ人家庭に2週間ホームステイをし、その時にやはりホロコーストについてドイツ人から謝られたことはあります。

しかし、イスラエルとドイツの友好が目的の交流プログラムではないのに、彼は自発的に謝ったのです。

ホロコーストは、戦後生まれのドイツ人の親や祖父母の世代の責任であって彼に責任はありません。ですから、わたしはユダヤ人として彼に謝ってほしいとは思いません。

しかし、かつてはユダヤ人を虐殺したドイツが、ホロコーストを反省し、歴史を正しく教え、継承した結果、彼がきちんと歴史を認識していることには感銘を受けました。彼は、直接的には自分の責任ではなくても、ユダヤ人に対する後ろめたさ、「戦後責任」とでも言うべきものを感じているのかもしれないなと思いました。

聞けば、彼は旧東ドイツ出身で、東西ドイツが統一されたのは8歳の時です。わたしは、西ドイツではホロコーストを教えるが、きっと東ドイツでは教えていないだろうと決めつけていました。東ドイツは独裁的共産主義のイメージが強かったので、共産主義国家によくあるように自国の歴史を美化し、負の遺産をきちんと教えていないに違いないと。わたしは自分の思い込みを反省しました。

戦後、日本とドイツは過去の歴史認識の面で反対の道を歩みました。ドイツはナチスの戦争犯罪をきちんと教えていますが、日本はそうではないようです（イスラエルも同様です）。国を疑う国民をつくらないために、少しずつ「日本軍性奴隷制」や「南京大虐殺」などの戦争犯罪の事実を歪めたり、修正する方向に進んでいます。

イスラエルとドイツは今は友好的です。それは、ドイツが完全に非を認め、謝罪し、巨額の賠償をしたからです。

2019年6月、わたしは横浜市の中学校で講演をしました。テーマは「外国人の目に映る人権・わたしたちの人権は本当に守られていますか?」。アウシュヴィッツの話もしました。帰りの電車で講演を聞いた中1の男子と乗り合わせ、こんな質問をされました。

「ダニーさんは今でもドイツ人を恨んでいますか」

3カ月前、彼はまだ小学生です。その年齢で、他人の、しかも外国人のわたしの心中を想像してこういう質問をするのか、と感心しました。わたしはこんな風に答えました。

「よくおぼえていないけど、昔は恨んでいたかもね。でも、今はホロコーストはどの戦争でも、どの国でも起きるかもしれないと分かったから、恨んでもしょうがない。恨み続けるのもつらいでしょ。それに、恨み続けたら次の戦争につながるし……」

彼は携帯をいじり始めました。のぞくと、アウシュヴィッツのサイトを見ています。この子は、これからもこの問題を考え続けるだろうな、とわたしは嬉《うれ》しくなりました。

和平のためにはどうすればいいか

わたしの父方の祖父、前述の自死したヨセフは1920年にポーランドからイスラエルに来ましたが、彼の妻がわたしの祖母ショシャナです。

ホロコーストが始まる前にイスラエルに逃れたわたしの祖父母の世代は、ヨーロッパに残った親戚のほとんどをガス室で殺されました。そこで、イスラエルでは親戚の代わりに同じ出身地の人々が一種の親戚のようになりました。ヘブライ語で「同じ出身地」を意味する「ベン・イル」（BEN IR）という言葉は、本当の親戚よりも大事な人たちという意味合いで使われるようになりました。

祖母ショシャナは、イスラエルに来て10年後、１９３０年に中部の湿地帯にできたばかりのモシャブに夫ヨセフと友人数人とで入植しました。掘っ立て小屋やテント暮らしを続けながらマラリアを媒介するハマダラ蚊が生息する沼地を干拓し、緑の農地に変えていきました。時にはアラブ人との衝突もあったようです。彼らは、苦楽を共にしたことで一種独特な強い絆《きずな》で結ばれています。

ショシャナの仲間に「ベン・イル」のガフニ一家がいました。子ども時代、わたしはガフニ家は、わたしたちの親戚だと信じていました。ショシャナは、ガフニ家の人々を「心の親戚」と呼んでいました。

うちは、ピーカンナッツも栽培していたのですが、その畑は幅広く根強く生い茂った垣根で強風などから守られていました。その垣根を隔てた隣の畑は、ガフニ家の畑でした。ある日、ガフニ家の息子が自分たちの畑を広げるため、わたしたちには何の相談もせずに、うちの垣根を引き抜いてしまいました。「ベン・イル」の親しい間柄だったから、それくらい断らなくてもいいだろうと思ったのかもしれませんね。

しかし、ショシャナは一言の相談もされなかったことに怒り、悲しみ、ガフニ家との縁を切ってしまったのです。以後、わたしたちは10年以上も彼らと一言も話しませんでした。

当時、イスラエルはエジプトと長年戦争を続けていました。第1次中東戦争（1948〜49年）から第4次中東戦争（1973年）まで、そしてその間も両国間で起きた戦争によって数万人の犠牲者が出ました。すでに述べたように、わたしたちはエジプト人を憎み、馬鹿にし、「あのエジプトと和平なんてありえない」と思い込んでいました。

しかし、1977年に当時のイスラエルのベギン首相の呼びかけで、エジプトのサダト大統領がイスラエル訪問を決断し、同年11月20日にイスラエルの国会で歴史的演説をしました。そして、この演説の16カ月後、1979年3月26日、アメリカのカーター大統領の仲介によってホワイトハウスでイスラエルとエジプトとの平和条約が結ばれたのです。

生中継でサダト大統領のイスラエルの国会での演説を見終えたショシャナは、何も言わず、突然ケーキを焼き始めました。ケーキができ上がると、きれいな入れ物に入れて、歩いて5分のあの「ベン・イル」のガフニ家に持って行き、こう言いました。

「あのエジプトの大統領が、イスラエルと対話による平和的な紛争の解決を望むのなら、わたしたちが長年対話できないのは時代遅れね」

わたしたちは仲直りをし、元のようなつきあいが復活しました。

祖母ショシャナと祖父ヨセフ。1925年頃

上の写真はわたしの祖父ヨセフと祖母ショシャナです。1920年にポーランドからイスラエル（当時はパレスチナでした）へ移住した5年後に撮ったものです。ショシャナは当時流行っていたロシア風のブラウスを着ています。

幸せそうな23歳の祖父ヨセフは25年後、48歳で妻と子ども3人を残し、自殺してしまいました。一方、祖母ショシャナは再婚もせず、1991年、95歳で亡くなりました。いとこによると、ショシャナはイスラエルに移住した当時、この国が差別がなく平和で世界の灯と希望の国になると期待していたそうです。

その後、あの「ベン・イル」のガフニ夫妻も亡くなりました。けれども、イスラエルとエジプトとの平和条約は今でも続いています。

このように、当たり前ですが、国家のレベルでも個人のレベルでも、勇気を持って決断すれば仲直り、和平はできるのです。それを、エジプトとの平和条約以前のわたしのように「ありえない」と決めつけていれば、争いが続くだけです。

では、イスラエルとパレスチナが仲直りをするにはどうしたらよいのか。

まずイスラエルは、何よりもパレスチナ占領政策を勇気を持って中止し、既成事実に引きずられずにヨルダン川西岸地域などのユダヤ人入植地から撤退するべきです。それから、エルサレムには岩のドーム[*10]というイスラム教徒の聖地があり、メッカやメディナの次に大事な場所ですが、すぐそばには「嘆きの壁」というユダヤ教徒の聖地もあり、この２つは分けられないので国際管理のもとに置くべきです。

その他、パレスチナとの和平のためには教育の問題が大きいので、パレスチナ人とユダヤ人を保育園から一緒に教育する、学校ではアラビア語を必修にする、パレスチナ人とユダヤ人の若者の交流の機会を増やすなどです。

さらに、イスラエルは常々、「我々は平和を望んでいる」と宣伝しているのですから、積極的に平和を創造するために「平和大臣」を置くべきだと思います。

イスラエルにもいくつかの平和団体があり、イスラエルとパレスチナの和平のために活動しています。その一つに元イスラエル軍兵士の「沈黙を破る」があります。「世界一道徳的な軍隊」と自称するイスラエル軍で、兵士が戦場で「怪物」になっていくさまなどの加害体験を社会に伝える活動をしています。このグループについては、土井敏邦監督が『沈黙を破る』『愛国の告白』という2本の力作ドキュメンタリー映画にしています。

また、2006年からは、「復讐では本当の平和はつくれない」と考えるイスラエル側に殺されたパレスチナ人の遺族と、パレスチナ側に殺されたイスラエル人の遺族が合同で、「イスラエル・パレスチナ戦没者合同慰霊祭」を開いています。

この慰霊祭の主催団体(The Parents Circle-Families Forum)に関わる知人によれば、2023年には1万5000人が参加し、世界各国で合計約19万人がこの慰霊祭のインターネットのライブ配信を視聴しました。このような動きに、わたしは希望を見ています。

裏切られた祖母の期待

しかし、この慰霊祭にはイスラエル国内で猛反発があり、会場の外で右派が「裏切り者」と叫び、参加者に殴りかかったり、石を投げたりする妨害行為が繰り返されています。そして、大きな流れとしては祖母ショシャナの死後（1991年）もイスラエルはパレスチナと仲直りができず、血で血を洗う泥沼の争いを続け、一向に和平のきざしが見えないどころか、さらに空しく悲惨な争いが続きそうな気配です。

1993年に結ばれたイスラエルとPLOの2国家建設による和平を目指す「オスロ合意」は2014年以降、一度も交渉が行われていません。ショシャナの「この国が差別がなく平和で世界の灯と希望の国になる」という期待は裏切られたと言わざるをえません。

2022年11月に行われたイスラエルの総選挙では、ベンヤミン・ネタニヤフ元首相（当時）が率いる右派の野党リクードが第1党になり、リクードとの連立を表明している極右政党も議席を伸ばしました。その結果、同年末に発足した新連立政権は、極右政党や宗教政党から多くの閣僚が入閣しており、「イスラエル史上最も右寄りの内閣」と呼ばれています。

新政権が発表した指針については、「『ユダヤ人はイスラエルの全ての土地に独占的で議論の余地のない権利を持つ』と宣言し『政府は入植活動を促進する』とうたった。『全ての土地』には、パレスチナが将来的な国家の領土と位置付ける占領地ヨルダン川西岸やイスラエルがシリアから軍事力で奪ったゴラン高原も含まれている」[*11]と報じられています。

これに対し、同年12月30日の国連総会本会議は、イスラエルのパレスチナ自治区ヨルダン川西岸地区などへの占領政策をめぐり、パレスチナ人らの権利侵害について国際司法裁判所（ICJ）に見解を示すよう求める決議を採択しました。

しかし、ネタニヤフ首相は「これまでイスラエルに下されてきた数百ものゆがんだ決議と同様に屈辱的だ」「イスラエル政府はこの決議に縛られない」とする声明を出しました。[*12]

1967年の第3次中東戦争で、イスラエルが占領したヨルダン領だったヨルダン川西岸とシリア領だったゴラン高原ではユダヤ人の入植が今も続いています。占領地への入植活動は、ジュネーブ条約で違法とされていますが、イスラエルが最初の入植地をゴラン高原につくったのは、第3次中東戦争が終わってわずか1カ月後のことでした。[*13]ということは、イスラエルは戦争を始める前からジュネーブ条約を無視して占領地に入植地をつくるつもりだったのではないかと疑わざるをえません。

その後、続々と入植地がつくられ、2021年現在、ヨルダン川西岸を中心に約130の入植地があり、約40万人のユダヤ人が住んでいるとされます。[*14]

第3次中東戦争後に生まれ、2023年時点で56歳以下のユダヤ人にとっては、ヨルダン川西岸はずっとイスラエル領なので、「ここは自分たちの土地だ」という認識になります。つまり、イスラエルは入植政策によって、土地を奪うという空間的な意味だけでなく、入植政策を続けることで時間的な意味でもパレスチナ人に返還することはもはや不可能だ、非現実的だ、という「既成事実」をつくり上げようとしているのです。

2023年1月からは、ネタニヤフ政権が進める司法制度改革のための法案に反対する数十万人規模のデモが毎週続いています。この法案は、新しい法律などがイスラエル基本法に抵触すると最高裁が判断した場合に取り消す権限を最高裁から奪う内容です。最高裁は、これまで極右の不法入植地に撤去を命じたり、超正統派の宗教学校の学生への兵役義務免除を無効としたりしました。ネタニヤフ首相も3つの汚職の罪で公判中です。

このままでは独裁国家になると、空軍パイロットを含む1万人以上の予備役が、兵役に志願しないと宣言したり、各界の著名人たちも反対の声をあげました。7月には最大都市テルアビブのデモの群衆が集まる交差点は、「デモクラシー広場」と名付けられました。

しかし7月24日、ネタニヤフ政権は、野党が採決をボイコットする中、同法案を賛成多数で可決してしまいました。

平和を応援します

2023年10月7日、パレスチナ自治区のガザ地区を実効支配するハマス（イスラム抵抗運動）はイスラエルに向けて数千発のロケット弾を発射し、戦闘員がイスラエルに侵入、一般市民ら数百人を殺害し、200人以上が人質として拉致されました。同日、ハマスはガザから約5㎞の地域で開かれていた音楽フェスも襲撃、260人以上が殺害されたと伝えられています。

わたしの甥《おい》（兄ギルの次男）は友人とこのフェスに参加しており、ハマスの戦闘員に銃撃されましたがミカン畑に半日隠れ、生き延びました。が、友人2人は殺害されました。ガザから30㎞のところに住んでいるわたしの下の妹イリスは、4日間をシェルターで過ごし無事でしたが、親友の家族4人は殺され、他に殺害・拉致された知人は数十人にのぼります。

「武力よりも対話による平和を」と言っていたわたしの友人は、「ハマスとの対話はありえない。ヒトラーとの対話が不可能だったように」と豹変《ひょうへん》しました。また、わたしの幼なじみの女性からは、「ガザの全ての市民を抹殺しても構わない」というメッセージが届きました。

このように国民の側も、「ハマスは潰すしかない」「今はイスラエルを応援すべきだ」という声でほぼ一色です。逆に、パレスチナ側との対話や復讐反対の声をあげる人は「裏切り者」と呼ばれるようになっています。わたしもまるで「非国民」扱いです。ある友人からは「距離を置きます」と言われ、訣別《けつべつ》しました。知らない人からは「あなたはホロコーストでナチスに手を貸したユダヤ人と同じ」とメールで非難されました。

今まで、世界中のどの虐殺やジェノサイドもユダヤ人の受難であるホロコーストとは犠牲者の数や殺害方法で比較にならないとして、「ホロコーストと比べるな！」と言い続けたイスラエル人の多くが、今回のハマスの攻撃を「ホロコースト」と呼ぶようになりました。

イスラエル軍はハマスから国民を守れず、大失態をおかしたのですが、政府は国民のほぼ全員がテロに激怒し、憎悪を募らせていることに乗じてガザへの空爆や地上侵攻を行い、復讐ムードを高めることで軍と政府への批判をそらそうとしています。その結果、子ども４６３０人を含む１万１２４０人の死者が出ています（２０２３年11月13日、ガザ保健省発表)。

今こそ冷静になるべきです。多くのイスラエル人は、およそ1200人が殺された今回のテロを「前代未聞」と言います。しかし、2008年、14年など数回、イスラエル軍はガザで同じことをやっているのに、自国の罪は棚に上げています。

イスラエル軍は「今度こそハマスがイスラエルを二度と攻撃できないように壊滅させる」と言っています。しかし、報復が激しくなればなるほどパレスチナ人の憎悪が募り、復讐のために武器を持つ人が増えるのは歴史を見れば明らかです。武力で安全になる、抑止力が平和をもたらすと信じるのは「神話」だ、と今回またしても証明されてしまったのです。復讐の気持ちを抑えきれないイスラエル人が、パレスチナ人も復讐の気持ちを抑えきれないことをなぜ分からないのでしょうか。双方が、抑えきれない気持ちを抑える勇気を持つことからしか、和平の道は見えてきません。

わたしはテロを決して肯定しません。しかし、ハマスの戦闘員を話し合いのできないテロリストと決めつけるのは疑問です。たとえば、1948年のイスラエル独立前、後年イスラエルの首相になるメナヘム・ベギンは、ユダヤ人の武装組織を指揮してイギリス委任統治に反抗するテロを実行し、指名手配されていました。その後、前述のようにエジプトと話し合って1979年に平和条約を結び、ノーベル平和賞まで受賞しています。また、今ではイスラエル人の大半が忘れているでしょうが、オスロ合意（1993年）後の和平ムードがまだ残っていた98年9月には、ガザとイスラエルの都市テルアビブがスペインのマドリードで姉妹都市協定を結んだ事実もあります。憎悪を友情に変えることはできるのです。

わたしは「非国民」扱いされても、国家ではなく、平和を応援します。

2022年秋の両親の法事に、わたしは日本から以下のようなメッセージをヘブライ語で送りました。

お父さん、お母さん、イスラエルから9000km も離れ、そして40年間も離れたあなたの次男の視点から、あなたたちに報告したいと思います。

お父さん、お母さん、あなたたちとお別れしてから長い年月がたちました。2011年の東日本大震災翌日の突然のお母さんの死から11年、そしてお父さんが将来に失望して、自死を選んだ日から50年以上になります。

お父さん、お母さん、自慢話ではないですが、あなたたちにはすばらしい子どもと孫がいます。5人のひ孫もこの家族に生まれました。

しかし、イスラエルはとても自慢できる国ではありません。イスラエルの国家はあなたたち、そしてあなたたちの両親の夢から遠く離れてしまいました。

お父さん、あなたは自分の正義感によって村の問題でも国の問題でも、汚職や不正に対して声をあげ続けましたね。そして、いつでもお父さんを支援していたお母さんも同じ正義感を持っていましたね。

お父さん、国際理解と世界平和を進めるため、あなたはエスペラント語、英語、フランス語、ドイツ語を学び、そしてイスラエル国籍のアラブ人と話せるようにアラビア語も学びましたね。いつの日か多くの隣の国々の人たちとも話し合いたいという夢を持っていたでしょうね。

けれども、現在のイスラエルは汚職やレイシズムが蔓延《まんえん》し、テロが続発し、戦争も断続的に続いており、とても平和な国とは言えません。残念ですが、今日この場であなたたちにこの現実を知らせる必要があると感じています。

ここ2週間も続くテロや、昨日（2022年11月23日）の悲しいテロもイスラエルが長年パレスチナ人の自由と希望を奪い続けている結果です。

もちろんわたしはテロなど肯定していませんが、2000年間も願い続け、祈り続けていた国をついに建国し、誇りにしていたユダヤ民族が、今、武力によってパレスチナ人の同じ希望を完全に打ち砕こうとしていることをわたしは全く肯定できません。

お父さん、お母さん、現在のイスラエルは、どの人々にも希望を与える国ではないと感じます。お父さん、あなたと同じように社会の不正について黙っていられないわたしは、日本で生きることに決め、ここでも正義のために声をあげ続けています。

イスラエルが誇りに思える国、希望を持たせる国になるとあなたたちは心から信じて国づくりをしたのに、パレスチナ人の人権を踏みにじり、平和からますます遠ざかっているのを見るのはとても辛《つら》いです。

もちろん、この辛い気持ちから逃れるため、わたしは50年前のお父さんと同じ行動を取ろうとは決して思いません。あなたたちの遺言は、平和な社会をつくるために声をあげることだとわたしは捉えています。

そして今日、この場であなたたちのため、わたしたちのため、子や孫のため、宗教民族性別に関係なく、誰もが安全に尊厳を持って生きられるような世の中にするため、声をあげるのがふさわしい行為だと思います。

あなたたちの夢を実現するために。

第4章 「全ての暴力に反対します」

抑止力という「いたちごっこ」

声をあげようと決意したわたしは、2009年からSNSでの発信だけでなく、戦争、原発、人権などをテーマに講演活動も始めました。小・中・高校、大学、教育委員会、自治体、教員組合、労働組合、生活協同組合、脱原発の市民グループ、「9条の会」などに呼ばれ、2022年末までに北は北海道の宗谷《そうや》から南は沖縄の石垣島まで通算約600回講演し、のべ2万人が聴いてくれました。

その講演でよく取り上げるのが、「抑止力」をどう考えるかという問題です。

23年度の日本の軍事費（防衛費）は、22年度より一気に1兆4000億円も増額され、年間6兆8000億円です。これは、わたしたちの税金からたった1秒で21万円が消える莫大な金額です。

２０２２年12月16日、政府は「国家安全保障戦略」「国家防衛戦略」「防衛力整備計画」の３つの文書の改定を閣議決定しました。この改定で、27年度には軍事費（防衛費）を22年度のＧＤＰ比約１％から２％（約11兆円）に倍増し、防衛力整備計画を実施する経費を23年度から27年度の５年間で43兆円程度とすることを決めました。

23年２月に行われたＮＨＫの世論調査によれば、防衛費の増額に「賛成」が40％で、「反対」が40％でした。４割もの人たちが増額に賛成したことに、わたしは寒気をおぼえました。

改定では、戦後長く続いた「専守防衛」政策を根本的に転換する「反撃能力」を持つことも明記されました。

22年末の閣議決定を受けて行われた同日の記者会見で、岸田文雄首相は反撃能力について、「憲法の精神にのっとった受動的な防衛戦略」とし、「今後とも専守防衛、これは堅持してまいります」と述べました。政府は、敵の基地を攻撃できる巡航ミサイル・トマホークをアメリカから４００発も買う方針ですが、それでなぜ「専守防衛」と言えるのか。24年度の軍事費（防衛費）予算は、さらに１兆円近く増えて７兆７０００億円、１秒24万円になりました。

そもそも「憲法の精神」とは、敵基地攻撃能力という発想とは正反対の「敵」をつくらない精神です。「平和を愛する諸国民の公正と信義に信頼」（憲法前文）を置く精神です。つまり、他国を「もしかしたら攻めてくるかもしれない」と不信の目で見て、戦争の準備をする精神ではなく、他国を信頼して共に平和を創造していこうとする「崇高な理想」（同前）を追求する精神です。

しかし、首相は同じ12月16日の会見で「相手に攻撃を思いとどまらせる抑止力となる反撃能力は、今後不可欠となる能力です」と述べ、戦争の準備に余念がありません。

この「相手」とは誰か。「現在の中国の対外的な姿勢、あるいは軍事動向等については、我が国の平和と安全及び国際社会の平和と安定を確保し、法の支配に基づく国際秩序を強化する上での挑戦と認識しております」と、特に中国の「挑戦」を問題にしました。

しかし、２０２３年の中国の軍事費は何と30兆円で、日本の４・４倍もあります。１秒で21万円が消える日本の軍事費（防衛費）も莫大ですが、中国の軍事費は１秒95万円と、とてつもない額です。大人と子どもくらいの違いです。

「相手に攻撃を思いとどまらせる抑止力」と首相は言いますが、甘いと思います。戦争とは勝つか負けるかです。殺すか殺されるかです。

戦争は、最悪の場合を想定しておく必要があります。最悪の場合に「専守防衛」など無意味です。中国が尖閣《せんかく》諸島だけを占領するというような限定的な戦争を日本側が想定していても、かつての日中戦争のように、当初は限定的な戦争だったのが、泥沼の全面戦争になってしまうかもしれない。中国と全面戦争になって勝てるでしょうか。軍事費が4倍以上もある国に勝つのは、到底無理です。

では、仮に日本が軍事費（防衛費）を中国並みの30兆円に上げたらどうでしょう。中国は「困ったな」と言うでしょうか。中国には、日本が侵略戦争で引き起こした南京大虐殺、731部隊の人体実験など数々の戦争犯罪の被害者とその家族、親族、そして遺族は今なお少なからずいます。日本が30兆円に上げれば、中国は「二度と侵略を許さないぞ」と間違いなくもっと上げます。まさに「いたちごっこ」です。

そして、軍事費（防衛費）より重要なのは兵士の数です。自衛隊の約23万人[*1]に対して中国軍は約203万5000人[*2]です。自衛隊の約9倍です。いくら軍事費を増やしても武器を使う人がいなければ戦争はできません。ですから、軍事費を増やすことは徴兵制の復活につながるのです。今すぐ徴兵制を導入するのは国民の抵抗が強いので無理だとしても、経済的に貧しい家庭の子どもたちには自衛隊に入れば大学の学費を免除するというような「経済的徴兵制」を導入することはさほど難しくありません。実際、高等教育を受ける際の奨学金、資格取得などによって入隊の勧誘をすることはアメリカやイギリスなどで行われています。

日本でも、2015年に川崎市内の高校3年生にダイレクト・メールで防衛医科大学校（埼玉県所沢市）の自衛官募集案内が送られ、その入学案内のチラシには、「苦学生求む！」「入学金・授業料は無料です」と書かれていたそうです。[*3]

また、自衛隊は2021年度から高校卒業者が多い任期制自衛官が、2〜3年の任期満了後に大学に進学する場合、即応予備自衛官・予備自衛官[*4]への登録を条件に「進学支援給付金」を支給する制度を始めました（即応予備自衛官年27・1万円、予備自衛官年4・5万円）。

しかし、それでも自衛隊は慢性的に人手不足で、末端の「士」という階級の充足率は定員の約80％で、2割も欠けています。[*5]

今後、自民党などが狙っているように憲法9条が改定され、憲法に自衛隊が書き込まれれば、徴兵制導入は一気に現実味を帯びます。日本弁護士連合会の憲法問題対策本部副本部長、伊藤真《まこと》弁護士は、「憲法18条に『苦役からの自由』という人権があり、徴兵制は

『苦役』にあたるため憲法違反というのが今の通説です。しかし、憲法に自衛隊が明記されると国防や安全保障のために一定期間自衛隊に役務することは憲法上許される制約として、徴兵制は合憲になりえます」と述べています。[*6]

あなたは自衛隊に入って戦争に行けますか。自分の子どもや孫、友人、恋人がイスラエルのように18歳から自衛隊に入って、戦場に行っても構いませんか。軍事費（防衛費）増額に賛成した人たちは、そこまで考えて賛成したのでしょうか。

さて、仮に日本が徴兵制度を導入して兵士の数で２０３万人の中国に追いついても、無意味です。何しろ中国の人口は14億人。兵士を2倍の４００万人にするのは簡単です。

要するに、常に敵よりも強力な武器、多数の兵力を持たなければ「抑止」になりません。ですから抑止力とは、「僕は君より強いぞ」「いや僕のほうがもっと強いぞ」「いやいや僕のほうがもっともっと強いぞ」と虚勢を張り合う幼稚な「いたちごっこ」なのです。したがって「専守防衛」の歯止めがなし崩しにされていくのは、いわば必然です。すでに第2章で述べたように武器に頼るとキリがないのです。これが軍隊の本質であることを改めて強調しておきたいと思います。

イスラエルはこの「いたちごっこ」を独立戦争以来、懲りずに今も続けています。

最近、イランが初の極超音速ミサイルを開発し、イスラエルが誇る防空システムであるアイアン・ドームを含む「すべての敵の防空システムを回避できる」と自慢したそうです。すると、イスラエルのヨアブ・ガラント（Yoav Gallant）国防相は、「敵が戦争を始めたら、われわれは（敵に）決定的な打撃を与えるだろう」と脅かしました。イスラエルが核兵器を持っていることは「公然の秘密」ですから、「核を使うぞ」と示唆したともとれます。

さらに、ガラント大臣はヒズボラに対して、「彼らが戦争を始めれば我々はレバノンを石器時代に戻す」と恫喝《どうかつ》しました。[*7] これは、レバノン全体を破壊するぞという意味です。まるで子どものケンカです。人類は、こんな幼稚な段階を卒業する時期に来ていると思います。

それでも、日本の場合は２０２３年１月にアメリカのジョー・バイデン大統領が岸田首相に日米安保条約第５条が尖閣にも適用されることを確認したことなどから「米軍と組めば抑止力になる」と米軍が助けてくれると期待している人もいるようです。

けれども、日米安保の第５条には「共通の危険に対処するように行動する」と書いてはありますが、この条項はアメリカによる日本の防衛義務を定めた条文ではありません。

「対処する」のであって、絶対に日本を守るとは書いていないのです。

そもそも、遠く離れた岩のような無人島の防衛のために、アメリカの兵士に日本のために死んでくれと期待するのは無理です。そんなことをアメリカの議会が認めるはずがありません。また、アメリカはベトナムやアフガニスタンなどで多くの自国の若者が死んだことに懲りていますから、遠い極東で自国の若者が血を流すのは世論も許さないでしょう。

仮にそれらの難題を克服して、アメリカが助けに来たとしても、中国との全面戦争になれば日本は海岸線に原発がずらりと並んでおり、その一つでもミサイルで破壊されれば壊滅的な打撃を受けます。さらに、日本には数多くのダムがあり、ウクライナでの戦争を見れば分かるように、ダムも攻撃の標的になる可能性は十分に考えられます。

また、カロリーベースの食料自給率が4割を切っているのに、中国に食料輸出を止められたら、などと考えるだけでも、日本は戦争に向かない、戦争ができない国であることがすぐに分かります。

最近、「台湾有事」がメディアでよく話題になります。しかし、これはわたしには、絶好のビジネスチャンスとなる武器産業に支援された日米の政治家、あるいは武器産業を育てたい日米の政治家や官僚らが扇動しているように見えます。第2章で元イスラエル軍准将のサッソン・ハダッドが、イスラエルに対するアメリカの「ドル建て援助の大部分はアメリカ経済に還元され、アメリカの防衛産業における何千人もの雇用を支えています」（112頁）と書いていることを紹介しましたが、アメリカが同じ構造を日本との間に作ろうとすることは十分ありうるのではないでしょうか。

そもそも、「集団的自衛権」などと言ってアメリカと徒党を組んで中国を封じ込めようという発想自体が子どもじみています。これは、日本対中国の「いたちごっこ」の、アメリカ・日本対中国への拡大版でしかありません。むしろ、アメリカの戦争に日本が巻き込まれる可能性が高まります。

武器を棄てよう

ではどうすればいいのか。

お隣さんと話が合わない時、お隣さんとは分かり合えないと決めつけて、お隣さんがピストルを買ったからうちも買う。お隣さんがマシンガンを買ったからうちも買う。ついにお隣さんが戦車を買ったからうちも買う……ではキリがありません。

まずは、やはり話し合いです。相互理解を深める努力をする、言葉の力を磨き抜くことです。必要なのは、「敵基地攻撃能力」ではなく、「近隣諸国との対話能力」なのです。「ダニーさんの言うことも分からないでもないけど、それでも外国に攻められたらどうするの?」とわたしは講演の後、質問されることがあります。

先ほども述べたように、日本は全面戦争を仕掛けられたら終わりです。「専守防衛」で仮に限定的な戦争にとどまったとしても、甚大な被害を覚悟しなければなりません。ですから、戦争にならないようあらゆる努力を尽くすしかありません。自然災害と違って戦争は「起きる」ものではなく、人間が「起こす」もの。避けられないはずはないのです。

平和を構想し、発展させ、具体化させるのは国民の税金で働く政治家の仕事です。そして、大前提として言っておきたいのは、戦争を避けるのは政治家の最大の責任だということです。何があっても絶対に戦争だけはしてはいけない。

その際、普通の市民は具体的な代案を出す必要はありません。たとえば、近所の橋が崩れそうなのを発見したら、わたしたちはその橋を管理する国土交通省や自治体の建設部局に電話して、「直してください」と求めますね。その時に、「あなたはこの橋をどうやったら直せると思いますか」とは聞かれません。

なぜでしょう。それは、国交省や自治体の職員はわたしたちの税金で雇われて、仕事をしているからです。
ここで強調しておきたいのは、わたしたち一般市民は、具体的な代案を出せれば、もちろん出していいのですが、もし出せなくても、安全で平和な世の中を要求する権利があるということです。わたしたちの人権は、無条件に守られなくてはならないのです。
では、わたしたち一般市民がやるべきこととは何か。それは、戦争になりそうな状況を何とか食い止め、改善し、平和を発展させる具体的な政策と構想を示すことができる政治家を選び、育てることです。そういう政治家を盛り立てるよう地域で声をあげることです。家庭や学校、職場などで、どうしたら戦争を防げるか、話し合い、世論を高めることです。くれぐれも「平和のために戦争に備えましょう」などと言う政治家を選んではなりません。
2022年10月11日、ヨルダン川西岸の入植地を守っていたイスラエル軍部隊に向かって、車で通りすがったパレスチナ人が車から発砲し、1人のイスラエル兵が死亡しました。[*8]
イスラエル軍は、この殺害に関わっていた容疑者たちを数カ月間捜し、翌23年2月22日に彼らが潜んでいた家に特殊部隊が突入、パレスチナ人11人を殺しました。[*9]
その後、復讐のため、ヨルダン川西岸で1人のパレスチナ人が若いイスラエル人兄弟を殺しました。[*10]

そして今度はその報復のため、数時間後に数百人のユダヤ人の入植者がパレスチナ人の町を襲い、30以上の家屋や店舗、約25台の車に放火、390人にけがをさせ、1人を殺害しました。[*11]こんなことは、イスラエルでは日常茶飯事です。

この事件のユダヤ人入植者は武器を保有しており、イスラエルの大多数の人々のように武器が平和をもたらすと考えていたでしょう。1930年代のヨーロッパのようです。当時はナチスがユダヤ人の町を襲いましたが、今はユダヤ人がパレスチナ人の町を襲っています。武器に頼る社会では、こうなってしまうのです。

イスラエルは、GDPの5％も軍事費に使い（日本は2027年度に2％へ倍増させる予定）、最先端兵器を保有していながら、アメリカから強力な軍事的支援も受けていながら、パレスチナ（アラブ）人や周辺諸国との間で1948年の建国から2023年現在まで75年間ずっと殺し、殺される泥沼の争いを続けています。パレスチナ人の少年は、お腹に爆弾のベルトを巻いて自爆テロに走ります。イスラエルとパレスチナの間では、75年間も憎しみ合い、復讐が復讐を呼ぶ現実が続いています。

「武力による平和」。これがウソであることは毎日のようにイスラエルで証明されているのです。この現実の上に、2023年10月に起きたハマスとイスラエルの戦争もあります。

他方、日本はどうでしょう。平和憲法のもと、憲法9条のもと、2023年まで戦後78年間も戦争はなかったではありませんか。

歴史が証明しています。答えは出ているのです。憲法9条の理想を実現させましょう。

憲法9条は、かつての日本が現在のイスラエルのように「武力による平和」の泥沼に陥った果てに破滅した痛切な反省のもとに生まれました。憲法9条こそ、抑止という「いたちごっこ」、やられたらやり返すという復讐の論理を乗り越える大人の知恵、人類の智慧《ちえ》です。武器は棄てるしかありません。日米安全保障条約に基づく日米軍事同盟はやめるしかありません。「非武装中立」こそ、憲法の精神です。

しかし、故・安倍晋三元首相は著書の中でこう書いています。[*12]

いうまでもなく、軍事同盟というのは〝血の同盟〟です。日本がもし外敵から攻撃を受ければ、アメリカの若者が血を流します。しかし今の憲法解釈のもとでは、日本の自衛隊は、少なくともアメリカが攻撃されたときに血を流すことはないわけです。実際にそういう事態になる可能性は極めて小さいのですが。しかし完全なイコールパートナーと言えるでしょうか。

安倍氏には、日米の若者の命より日米が「イコールパートナー」になることのほうが重要なようです。逆に、日米同盟をやめれば、「血の同盟」はなくなります。

アメリカの若者の命も日本の若者の命も、誰の命も最優先に考える政治家を選びましょう。日本にはすばらしい平和憲法があります。人権を大事にしている憲法。そして、日本は世界で唯一原爆のあの筆舌に尽くしがたい惨禍を経験した国です。

平和憲法と被爆体験を国内、近隣諸国、ロシアやウクライナと全世界に向けて発信するのは日本の使命です。「武器を棄てよう」と全世界に呼びかけるのは、平和憲法を持つ日本の政治家の任務なのです。

「平和を愛する諸国民の公正と信義に信頼」を置き、日本が渾身の勇気をふるって真っ先に武器を棄てれば、誰にも攻められるはずがありません。平和を創れます。こちらが外国を信頼し、「丸腰」でいるのに乗じて侵略してくる国があるとは考えられません。

講演をしていると、「中国が攻めてきたら戦わずに日本の国土を取られてもいいの?」「外国が侵略してきたら撃退できる程度の抑止力が必要では?」「近隣諸国が軍事活動を活発化させている以上、防衛費増加は仕方がないのでは?」などの質問をよく受けます。これらの質問は、戦争には反対だけど仕方がない場合があるのでは、という疑問ですね。要するに「条件付き戦争反対」か「絶対に戦争反対」か。あなたはどっちですか？

国の安全を守るのに、こうすれば間違いなく誰も死なないで済むという政策はありません。ですから、わたしたちは、武器に頼るのか言葉に頼るのか、どちらが誰も死なずに済みそうかを選ぶことになります。そして、条件付きでも武器保有を認めれば、キリがなくなり、戦争の泥沼にはまることをイスラエル独立後75年の歴史、アジア・太平洋戦争の歴史は教えています。だから日本国憲法は、「絶対に戦争反対」、つまり言葉を選んだのです。

こういうことを言うと、「それは理想論だよ」「現実を見ろ」と冷笑する人がいます。しかし、理想だと認めるのなら、理想のために愚直であっても何らかの努力をすべきではないですか。人間が理想を言わなくなったら、地球に存在する意味がありません。

ロシアとウクライナの戦争が始まってから、毎月1回、わたしとかほるは地元の有志の人々と道路沿いに立ち、プラカードを掲げて戦争反対を訴えています。

2022年7月8日、安倍元首相が銃撃され、亡くなるという衝撃的な事件が起きました。「武力による平和」を訴えていた人が武力で殺害されたのは、彼の主張の矛盾を象徴しているようで、本当に気の毒です。

翌9日、わたしたちは国道沿いに立ちました。右手には「ウクライナ　ロシアに平和を」というプラカードを。そして左手に持ったプラカードには、こう書きました。

「全ての暴力に反対します」

「全ての暴力に反対します」というプラカードを掲げ、道路わきに立つかほるとわたし
（2022年7月9日、撮影・永尾俊彦）

愛国心の「脈を計る」

２０２２年11月に5年ぶりにイスラエルに里帰りし、講演も２回やりました。タイトルは２回とも「９０００km離れた国からイスラエルを考える」です。イスラエルは入植政策をやめるべきであること、武器では平和は創れないこと、パレスチナ問題をどう解決したらいいのかなどについて話しました。

２回目の講演にはリベラル派の10人が集まり、わたしの主張に共鳴してくれました。また、講演ではありませんが、友人の家の集まりには十数人が来てくれて政治の議論になり、幼なじみの元戦闘機のパイロット２人がわたしの主張を支持してくれました。

問題は１回目です。15〜20人くらいは来るかなと期待していましたが、５人しか来ませんでした。講演の数週間前に、わたしの同級生だった女性が村のＬＩＮＥグループのようなところに、「ダニーは40年前にイスラエルを離れ、日本で家具を作っているけど、最近は講演活動を行ってイスラエルにダメージを与えている。情けない。講演に参加する前に彼のフェイスブックを見るのをおすすめします」と書いたことが原因でした。

わたしは彼女に電話し、「何でそういうことを書いたの？」と尋ねました。彼女は「わたしはパレスチナの占領に反対だし、イスラエル軍のやっていることにも反対。でも外国でそういうことを暴露するのは許せないの」と答えました。

２０１７年に里帰りした際にも同じことがありました。その時は、高校の同窓会が開かれ、30人くらいが集まりましたが、わたしのイスラエル批判に対して「イスラエルの悪口は言わせないぞ」と大激論になりました。

外国から批判されたり、イスラエル人が外国でイスラエルを批判するとイスラエル人は激高することはすでに書きました。

これには、「愛国心」が関係しています。自分の国が悪く言われると、自分が悪く言われたかのように不愉快になるのは自分と自国を区別できず、一体化してしまうからです。
ヒトラーの後継者に指名されたナチス・ドイツの指導者の一人、ヘルマン・ゲーリングはこう述べています。[*13]

もちろん、一般市民は戦争を望んでいない。貧しい農民にとって、戦争から得られる最善の結果といえば、自分の農場に五体満足で戻ることなのだから、わざわざ自分の命を危険にさらしたいと考えるはずがない。当然、普通の市民は戦争が嫌いだ。（中略）しかし、結局、政策を決定するのは国の指導者たちであり、国民をそれに巻き込むのは、民主主義だろうと、ファシスト的独裁制だろうと、議会制だろうと共産主義的独裁制だろうと、常に簡単なことだ。

（中略）

国民は常に指導者たちの意のままになるものだ。とても単純だ。自分たちが外国から攻撃されていると説明するだけでいい。そして、平和主義者については彼らは愛国心がなく国家を危険にさらす人々だと公然と非難すればいいだけのことだ。この方法はどの国でも同じように通用するものだ。

愛国心とは、聞こえはいいけれど、それによって他の国を嫌うように変えるのは実に簡単です。それで、戦争を起こす者は常に愛国心を利用します。

ふり返ってみれば、かつてはわたしにも熱い愛国心がありました。「国のために死ぬのはすばらしい」、そのためには、「敵を殺すのは仕方がない」と思い込んでいたのですから。兵役を終えたら退役旅に出て、帰ったら新しいモシャブ作りに参加しようと考えていたのも、それが「国のためになる」という愛国心からでした。

しかし、2008年のガザ侵攻でイスラエル軍が345人も子どもたちを殺したことを契機に、愛国心も冷めていきました。その時、すでに述べたように幼なじみが「イスラエルは子どもを殺すような国じゃないけど今回は仕方がなかった」という苦しい言い訳をしたのも愛国心が作用していたのだと思います。

2023年4月20日、わたしは長瀞町で訪日中の数人のイスラエル人を相手に「ミニ講演」をしました。そのグループのイスラエル人の旅行ガイドはわたしの友人で、日本からイスラエルがどう見えるか彼らに伝えたかったので、わたしのほうから話をさせてほしいと頼みました。テーマは、例の「9000km離れた国からイスラエルを考える」です。

その中で、前述のイスラエル軍が３４５人も子どもを殺したことについて批判したところ、参加者の一人がこう反論するのです。

「イスラエルは子どもを殺していません。子どもは殺されましたが、イスラエルが殺したのではありません」

その意味を尋ねたら、その人はこう答えました。

「イスラエルは、子どもを殺す目的でガザ攻撃を始めたのではないので、イスラエルは殺したと言えません」

啞然《あぜん》としました。わたしは、「目的はどうであれ、子どもを殺すのは憎むべき行為です。誰が考えても殺したのはイスラエルです」と反論しましたが、その人は納得していないようでした。「敵」の子どもなら、３４５人も殺しても正当化してしまう。グロテスクな愛国心がここにもありました。

わたしたちは、自分の愛国心を疑ってみる必要があります。愛国心のあまり、自国の非道に目をつむっていないか、言い訳していないか、あるいは他の国のすべてを否定していないかを反省すべきです。これを、わたしは人間の体になぞらえて愛国心の「脈を計る」と言っています。

愛国心が必要以上に高まっている状態は愛国心の脈が上がっている状態、必要以上に低い状態は愛国心の脈が下がっている状態と言えるだろうと思います。

わたしは、今ではイスラエルにも肯定すべき面と否定すべき面、両面があると見ています。否定面をこの本ではことさら取り上げていますが、イスラエルにもすばらしい景色、おいしい食べ物、歴史と文化など肯定すべきところはもちろんたくさんあるのです。

よく講演で、「ダニーさんは日本が大好きなんでしょう」と聞かれますが、わたしは日本を好きでも嫌いでもありません。人権がつぶされるのを見ていられないのです。日本にも肯定面もあれば否定面もあります。

イスラエルに住んでいても、南アフリカでも韓国でもわたしは同じ活動をしたでしょう。

わたしは、オリンピックでイスラエルが金メダルをとっても興奮しませんが、庭の水仙の花が咲くと興奮します。きれいな夕日を見ると大興奮。富士山を見ると大興奮……。

どこにいても美しいものを愛《め》で、正しいことを主張し、間違っていることは批判することが、とかく排他的になりがちで客観性を失いがちな愛国心の欠点を克服する上で大切ではないかと思います。

わたしの講演は、組合や社会的な活動をしている市民グループなど素直に聞いてくれる人が多いだろうと思われるところで行う場合もありますが、そうではなく、「愛国心」を教えなければいけない立場の教育委員会や学校などで講演することもあります。そんな時には、「何でこんな奴《やつ》を呼んだ」と、わたしを呼んでくれた人が後で上司らに文句を言われないよう、講演を始める前に次のように断ります。

わたしと皆さんでは何が違うでしょうか。鼻の高さが違うかもしれませんね。でも、一番大事な違いは、わたしだけ自分の国があるのに、この国に住むのを選んだということです。もし、この国が大嫌い、耐えられないならいる必要はありません。でも、もうわたしは40年も日本に住んでいます。これからキツイことも言います。外国人からここまで言われたくないと思う人もいるかもしれません。でもそれは、この国をつぶしたいからではありません。日本に住んでいる者として、子も孫も日本に住んでいる者として、わたしのため、子、孫のため、ここにいる人全員のためにさらにいい国、さらに人権が認められる国にするためと思ってわたしの話を聴いてください。

美意識も疑う

愛国心と並んで戦争をしたい権力者に利用されやすいのが、わたしたちの美意識です。美しいものやカッコいいものには誰しも憧れます。戦闘機や戦車、戦艦には特に子どもたちをとりこにする「カッコよさ」、ある種の「美」があります。

第1章で述べましたが、わたしも小学校に設置されていた戦闘機を見て、「カッコいいなあ」と思い、将来はこれに乗ってイスラエルを守るために戦うぞと空軍パイロットへの憧れをかきたてられました。

わたしは東武東上線にたまに乗りますが、自衛隊のオフィシャル・マガジン「MAMOR（マモル）」（扶桑社）の中吊り広告を車内で見かけます。その表紙は、毎号自衛隊の航空機か、戦車か、戦艦などを背景に自衛官が敬礼する写真です。これは明らかにそれらの武器の「カッコよさ」をアピールしているのでしょう。

また、わたしの住む埼玉県には航空自衛隊入間《いるま》基地があり、毎年11月3日の文化の日には「入間航空祭」が開かれます（2023年度は24年1月20日に変更）。この催しでは、ブルーインパルスの飛行が恒例（コロナ禍中は中止）で、2013年には32万人、14年には29万人もの人が入場したそうです。それ以外の年も10～20万人が訪れています。[*14]

この催しが、なぜ「文化の日」に行われているのか。自衛隊は戦闘機を「文化」と考えているのでしょうか。イスラエルには空軍博物館があり、明らかに戦闘機を「文化」として展示しています。

しかし、今のわたしは人を殺す機械を「文化」とは見られません。

では、日本の刀はどうでしょうか。刀に「美」を感じ、「文化」だと思う人は多いと思います。戦争反対の人々の中にも「刀は文化」と見る人は多いようです。

初めて日本に来た時、わたしは全国をヒッチハイクで旅しました。1980年の九州のヒッチハイクの旅の帰りには、福井県の小浜《おばま》市も訪れました。到着が夜遅くなったので、ヒッチハイクをした車の運転手が家に泊めてくれました。その際、その運転手の知り合いが刀を研ぐ職人（研ぎ師）で、刀を研ぐ現場を見せてくれました。その時は、研がれていくにつれて妖《あや》しく光る刀を実に美しいと感じました。

それから40年後の2019年、わたしは小浜市で講演を依頼されました。久しぶりに訪れた小浜で、40年前に泊めてくれた人にお礼を言いたいと思い電話をしたところ、その人はすでに亡くなっていましたが、ご子息が応対してくれました。かつて泊めてもらった際にわたしはその息子さんにも会っており、おぼえていてくれました。そして、あの研ぎ師も健在だとのことです。わたしは「明日、講演をするのでよかったら来てください」と2

人を誘いました。

当日、2人は来てくれました。

最近のわたしの講演では、「刀は美しい」「刀は文化」という感じ方に疑問を呈する内容を盛り込んでいます。

というのは、かつてはわたしも刀を美しいと感じたのですが、しかし、あの345人もの子どもが殺された2008年のイスラエルのガザ攻撃を契機に、わたしの戦闘機や武器に対する感じ方もガラリと変わったからです。殺される子どもの側に立ったら、自分たちを殺す戦闘機を「カッコいい」「美しい」と思うだろうか。こういう疑問からわたしは戦闘機は「カッコいい」「美しい」と感じられなくなりました。日本刀についても同じです。

たとえば、アジア・太平洋戦争で、日本刀で惨殺された中国人捕虜の身になれば、日本刀を「カッコいい」「美しい」とは感じられないだろうと思うのです。

しかし、日本には刀を文化として尊重する伝統があることは承知していますし、人間国宝に選ばれるほどの卓越した技を持つ刀匠がいることも知っています。その技術自体は確かにすばらしいと思います。

ですから講演では、「わたしの感じ方を皆さんに押し付けるつもりはありません。感じ方の違いとして、考えていただければと思います」と話すことにしています。

ただ、当日の講演で刀の話をする場面に近づいた際、一瞬迷いました。パワーポイントには刀の写真を用意しており、毎回それを映して話すことにしています。しかし、その日は40年前にお世話になった人の息子さんと研ぎ師も来ているのです。失礼かもしれないとの思いが頭をよぎりました。刀の部分を飛ばして次の話題に行くこともできます。

しかし、自分の考えを「かつてお世話になったから」言わないのでは、電力会社に勤めているから原発を批判できないと言う人と同じだととっさに考え、やはり持論を述べることにしました。ほんの10秒くらいの間での判断でした。

講演終了後、わたしはその研ぎ師に来てくれたお礼を述べ、「わたしの武器の見方を話しましたが、決してあなた個人を批判したのではありません」と申し添えました。

彼は、「そうですか。分かりました」と言って帰っていきました。

「正しいと思うことを述べ、自分にウソをつかなかった」という点で、わたしは刀についての持論を述べたのはやはり良かったなと思いました。

しかし、問題はこの戦闘機、戦車、戦艦、刀などの武器に「美」を感じる感性は、十分警戒しないと権力を持つ人たちに簡単に利用され、戦争につながるということなのです。

武器だけでなく、わたしは子ども時代にイスラエルで見た軍事パレードで、揃いの軍服を着た兵士の軍団が足を高く上げて腕を振り、銃をかついでみな前を向いて一糸乱れず行進する光景をやはり「カッコいい」と思いました。さらには、「国のために死ぬのはすばらしい」という考えも、美意識だとも言えるのではないでしょうか。

美は直感的なものなので、ある対象を美しいと感じること自体を否定することはできません。また、武器にはある機能を極限まで突き詰めた末に生まれる機能美、ある種の悪魔的な美が宿っているという主張があることも知っています。

しかし、そのような美意識は、権力者を守ることに利用されやすい危険があります。ゆえに、わたしたちの美意識も「殺される側」の視点から疑う必要があると思うのです。

敵はロシアではなく「敵は戦争」

2022年3月23日、ウクライナのゼレンスキー大統領が、日本の国会でオンライン演説をし、日本のロシアに対する（経済面などでの）制裁に感謝し、新たな安全保障体制の発展のためには日本のリーダーシップが不可欠であるなどと語りました。

それを受けて、山東昭子《さんとうあきこ》参議院議長（当時）が、「貴国の人々が、命をもかえりみず祖国のために戦っている姿を拝見して、その勇気に感動しております」と述べました。

しかし、これは、「国のために死ぬのはすばらしい」と言っているわけで、愛国心を扇動しています。このような言葉を、政治家は決して口にしてはいけない。政治家の仕事は国民を幸せにすること、平和にすることです。

このゼレンスキー演説の終了後、スタンディングオベーションが起きました。しかし、これは衆議院事務局が事前に作成した式次第に、演説後の「スタンディングオベーションを想定」と記されていたそうです。[*15] これも「扇動」ですね。このような扇動によって、「ウクライナ＝善、ロシア＝悪」という図式と、戦争では「命をもかえりみず戦うしかない」という愛国心が日本の国民に刷り込まれていきます。

また、近年北朝鮮（朝鮮民主主義人民共和国）が頻繁にミサイルを発射していますが、政府が「Jアラート（全国瞬時警報システム）」を発出すると、学校の教員は子どもたちを机の下にもぐらせる。テレビでは、防衛省の役人が会見をし、軍事評論家が出てきて解説をします。これも扇動です。本当は、外務大臣が出て、「安心してください。外交で解決します」と言うべきなのです。

2023年版防衛白書の巻頭で浜田靖一《やすかず》防衛大臣（当時）は、「令和5年版防衛白書の刊行に寄せて」の中で、「国際社会は戦後最大の試練の時を迎え、新たな危機の時代に突入しつつあります」と書いています。そして、その具体例として、ロシアがウクライナ侵略で核兵器による威嚇ともとれる言動を繰り返していること、中国が核・ミサイル戦力を含め軍事力を強化し、東シナ海、南シナ海で力による一方的な現状変更を継続・強化していること、北朝鮮が核・ミサイル開発を進展させていることをあげ、「抑止力を高めていく、つまり、相手に対して『日本を攻めても目標を達成できない』と思わせることが不可欠です」と説いています。

「あっちも危ない、こっちも危ない」と今にも戦争が起こりそうな危機感をあおり、抑止力の強化を説くのですが、冷静に考えれば、現在、日本と中国、北朝鮮、ロシアとの間に戦争をしなければならないほどの問題はありません。日本から攻撃を仕掛けない限り、それらの国々が日本に攻めてくる可能性はゼロです。

しかし、マスコミも日本周辺の国際関係、特に中国について「力による一方的な現状変更」「（台湾）統一に武力行使も辞さない構え」「国際社会に対する挑発を一方的にエスカレート」などと反中感情と危機感をあおっています。すると国民も何となく危なくなってきたなと感じ、軍事費（防衛費）増額も仕方がないかと賛成する人が増えるのです。

扇動に乗せられない冷静さが必要です。そのためには、やはり「本当にそうなのか」と疑うことです。

ロシアのウクライナ侵略については、最近のわたしの講演でもよく質問されます。「ロシアのウクライナ侵攻を止めるにはどうしたらよいと思いますか」「わたしたちに何ができるでしょうか」などの質問です。質問する人たちは、「ウクライナの人が気の毒」「ウクライナの子どもたちがかわいそう」などと言います。

それはその通りで共感します。ただ、ではそういう人たちはパレスチナ、シリア、ミャンマーなどの問題でも同じことを言っているのでしょうか。

ロシアのウクライナへの侵略、占領、虐殺はもちろん絶対に許せませんが、イスラエルのやっているパレスチナ占領はというと、1967年の第3次中東戦争でイスラエル軍が奪ったヨルダン川西岸やガザ地区などパレスチナの占領は2023年までに、すでに56年間も続いています。パレスチナ人の人権が日々奪われています。56年間でイスラエル軍は一体何人のパレスチナ人を虐殺し、難民にし、家を破壊したでしょうか。

2022年のデータだけでもイスラエル軍によって殺されたパレスチナ人は178人（うち42人が未成年）、住む家を失った子どもは428人にのぼります。[*16]

これに対してアメリカをはじめ世界の多くの国々が、2023年10月7日以降のハマスとイスラエルの戦争でイスラエルがガザ地区への空爆を始めるまでは、何回かの大規模攻撃を除いてイスラエルを非難しませんでした。

欧米各国は、ウクライナに武器支援をしています。この問題を武器によって解決可能だと考えているようです。しかし、たとえば、イスラエル軍に占領されているパレスチナ側に各国が武器を与えて、パレスチナ問題の解決になるでしょうか。パレスチナ側が自爆テロの代わりに強力な兵器で報復するだけに終わることは目に見えています。

同じようにウクライナに武器を供与しても「火に油を注ぐ」だけです。どちらかが敗北する、あるいは双方ともに多くの死傷者を出して停戦に至るまで死者は増え続けます。

そして、殺された1人につき、その人を殺した敵に憎しみを持ち続け、復讐をしたがる人が生まれてきます。殺人が次の殺人を生んでいくのです。

2022年2月に始まったウクライナ戦争で、翌23年2月までの1年間にウクライナの市民の死者は少なくとも7199人、うち438人は18歳未満の子どもです。軍の死者数はウクライナ側が政府の推定で1万〜1万3000人（22年12月時点）、ロシア側はイギリス国防省の見方として4〜6万人（23年2月公表）とされています。[*17]

ウクライナ国内で行われた2022年11月の世論調査では、93%が「クリミア半島奪還まで戦うべきだ」と答えたそうです。[*18]

けれども、仮に多大な犠牲を払ってクリミア半島を奪還したとしてもウクライナ人の死傷者の遺族の悲しみ、ロシアへの恨みは末代まで続きます。ロシア側も同じです。

ではどうしたらよいか。何はともあれ、まずは即時停戦です。

その具体策を練るのは政治家、国連などの仕事です。世界中のリーダーの責任で止めるべきです。わたしたち市民には、リーダーが武器ではなく、話し合いで解決するよう各国で、各地域で声をあげ続け、国際世論を盛り上げる重要な役割があります。

戦争で1人の死者が出れば、妻、子ども、母、父、祖父、祖母、兄弟姉妹、親戚、友人が永遠に泣き続けます。10人殺せば、その10倍の人が泣き続けるのです。

「敵はロシア」ではありません。「敵は武器で平和がつくれるという考え」です。

「敵は戦争」なのです。

「心を使う」

ヘビースモーカーにタバコをやめるよう説得しても、たいていの場合は成功しません。

「体に悪いと分かっていますがどうしてもやめられなくて……」という答えをよく聞きます。そして、時に体調を崩しても、咳《せき》が止まらなくても、やめられない。

しかし、一旦「肺がんです」と宣告され、ドクターストップがかかると、その日からほとんどの人はピタっとタバコをやめます。医者の宣告で初めて迫りくる命の危険を身に染みて感じ、タバコをやめることができるようになるのです。

人間は戦争をなかなかやめられません。しかし、地球温暖化がこのまま進んで海面上昇が一層ひどくなり、東京、ニューヨーク、上海《シャンハイ》、テルアビブ、ガザなどが海に沈み始めるその瞬間、世界のリーダーたちはやっと戦争に「ドクターストップ」をかけるでしょう。

その瞬間から、次の武器の開発と売買を考えるリーダーはいなくなります。

だが、それでは手遅れ。北極、南極の氷が溶け出し、南の島しょ国はすでに水没しているでしょう。

第2章で述べたように、軍隊はとてつもない温室効果ガスを排出します。戦争なんかやっている場合ではないのです。気候危機こそ、世界各国が英知を結集し、背水の陣をしいて取り組むべき待ったなしの最優先課題です。武器で地球環境は守れません。

しかし、日本は2022年、エジプトで開かれた国連気候変動枠組み条約第27回締約国会議（COP27）で、世界の環境団体でつくる「気候行動ネットワーク」から、地球温暖化対策に消極的な国に贈られる「化石賞」にまた選ばれてしまいました。化石燃料への公的資金の拠出額が世界最大であることが主な理由です。[*19] これで3回連続受賞の不名誉です。

国連人道問題調整室は、2022年12月1日、洪水、干ばつなどの気候変動やロシアのウクライナ侵攻などの影響で、2023年に人道支援が必要になる人の数は世界で3億3900万人にのぼるだろうとの報告を発表しました。

「国連はこのうち、事態が深刻な68カ国の2億3千万人に対して支援を実施する予定で、予算は515億ドル（約7兆円）が必要になると試算。だが22年は11月までに517億ドルが必要となったのに対し、集まったのは半分に満たない240億ドル」と共同通信は報じています。[*20]

お金を使うべきなのは、武器ではなく、このような人道支援や地球温暖化などの切迫した全地球的な課題に対してでしょう。

それができるかどうか、決め手になるのはこのままでは子や孫の世代に地球環境は一体どうなってしまうのか、とリアルに想像できる力だと思います。それを、わたしは「心を使う」と言っています。日本語で「心を使う」とは、本来は気を配るという意味ですが、

「心」の想像し、創造する力を使うことを強調したいのでこう表現しています。

残念ながら、わたしの講演で、「心を使う」ことができない人に会ったことがあります。

2013年頃だったと思います。わたしは埼玉県寄居町《よりいまち》のある学習塾が呼びかけた会に呼ばれ、「原発危機と平和」と題して講演をしました。

終了後の質疑応答で、わたしより5～6歳くらい上と思われる人がこう発言しました。

「ダニーさんは日本のエネルギー事情を分かってないよ。原発はベストじゃないけど、地球温暖化を考えれば石炭火力発電に頼れないいんだから仕方がないいんだよ」と言います。

わたしは「原発は使用済み核燃料をどこでどのように処分するのかという問題も解決されていません」などと反論しましたが、彼は延々と持論を語り続けます。会場の人が1人去り、2人去り、すべて帰った後も1時間くらいは原発必要論を語り続けました。

業を煮やしたわたしは、あえて聞いてみました。

――あなたはお孫さんはいますか。

「子どもはいるが、孫はまだいない」

――あなたの息子さんが結婚してお孫さんが生まれ、どこかの原発が爆発してお孫さんが甲状腺がんになっても、息子さんやそのお連れ合いに「仕方がない。原発は必要だよ」

と言えますか。

「孫が生まれたら気持ちが変わるかもしれん」

――ハァ？　他の人の孫のことも考えるべきではないですか。

これでやっと議論は終わりましたが、この人は、他人の孫については「心を使う」ことができないのだと思いました。

他方、講演を通じてわたしは「心を使う」ことができる人々にも出会ってきました。

2018年2月、わたしは奈良県の小学校の40代くらいの女性教員に呼ばれました。彼女は平和教育に力を入れているのですが、教員仲間らを集めてくれて、わたしは学校近くのカフェを会場に「国のために死ぬのはすばらしい？」をテーマに講演をしました。彼女は、わたしの講演を評価してくれたようで、これまで3回も呼んでくれました。

その店のオーナーは、長く日本に住むフランス人女性です。心づくしの料理を「わたしのおごり」と言って出してくれました。「わたしは社会の問題に取り組む余裕がないので、社会的な活動をする人にわたしの店と食事を提供しています」と話していました。

その2018年2月の講演会に、わざわざ北海道の宗谷から30代くらいの男性教員が来てくれました。彼は「心を使う」というメッセージに共感し、宗谷の教員仲間にぜひわたしの話を聞かせたいと言っていましたが、翌19年に本当に呼んでくれました。

また、こんなこともありました。

わたしは木製の掛け時計も作っているのですが、自分でデザインが気に入り、これなら売れそうだと思った時計ができたので同じものをいくつか作りました。そのうちの一つは、2019年までにわたしが作った時計の通算800番目になりました。それで、その時計には記念に8時の時刻と800番を表すために、8の後にゼロを2つ入れました。

それらの時計は、1つ1万2000円で売ったのですが、800番目の時計だけは、「わたしの講演付きで5万円で売ります」とフェイスブックに書き込みました。

すると、わずか15分後に「買います」と買い手がつきました。そして講演は、「石垣島でお願いしたい」と言うのです。「宿泊費、交通費は石垣島の人に出してもらうよう手配をします」とのことでした。

メールでやりとりをすると、その人はスイスからメールを書いていることが分かりました。河村典子さんというスイス在住のプロのバイオリン奏者です。有名なオーケストラに入っていましたが、今はフリーです。年に何回か帰国するのですが、講演付きの時計を買ってくれた時点ではまだわたしの講演を聞いていません。ただ、わたしのフェイスブックは読んでくれていて戦争反対と原発反対の発言に共感したとのことです。講演をしていることも、フェイスブックで知ったようです。

河村さんは、福島第1原発事故の被災者の支援団体ともつながりがあり、購入した「800」の時計を福島の友人にプレゼントしたそうです。

河村さんとのやりとりの直後、まだ石垣島に行く前に、わたしはさいたま市で講演をしました。帰路、講演を聞いた1人の女性と同じ電車に乗り合わせました。その時はかほるも一緒にいたのですが、わたしが講演を始めてから最初の2年間はかほるがすべての講演を聞き、改善すべき点をチェックして、より分かりやすくなるよう工夫したことをその女性に話しました。彼女は元看護師で、今は造形作家です。

後日、彼女から電話があり、わたしの本（『国のために死ぬのはすばらしい？』高文研、2016年）を「友人にも読んでほしいから」と20冊も注文してくれました。そして、「ダニーさんは石垣島に講演に行くと言ってたけど、かほるさんも一緒ですか」と聞かれました。

わたしは、「経済的にかほるの分は無理なので1人で行きます」と答えました。

すると彼女は、「本20冊分とかほるさんの往復の航空券代も振り込むからぜひ2人で行ってください」と言うのです。そしてこう付け加えました。

「わたしは、自分が正しいと思ったことにはお金を出します。今回の講演は2人で行くのが正しいと思うから」

結局、講師料は河村さん、わたしの分の旅費は石垣島の主催団体、かほるの分はその造形作家さんが出してくれました。石垣島では、講演の他に自衛隊基地の建設現場を見たり、地元の建設反対の人たちと話し合ったり、かほるとわたしには一生の思い出の旅となりました。

いつまでも戦争や原発を続けていては人類の未来はないと心を使える人々がいるからこそ、このような出会いもあるのだとつくづく感じます。

そして、このような出会いが可能になるのも戦後の日本の平和運動と「教え子を再び戦場に送るな」という平和教育が全国各地に種をまき、あの戦争の加害と被害を、広島・長崎の原爆の惨禍を語り継ぎ、心を使える人々を育ててきた蓄積のおかげだと思うのです。

「情け」が循環する社会を

福島第1原発事故後の2013年、わたしは地元秩父の横瀬町《よこぜまち》で開かれた肥田舜太郎《ひだしゅんたろう》さん（2017年に100歳で死去）の講演を聴きに行きました。肥田さんは広島市生まれの医師で、自身も被爆しながら被爆者の治療を続け、核兵器廃絶運動や原発の危険性を訴える活動に力を尽くしました。

肥田さんの講演から、「ある調査ではアメリカでは稼働している原発や核施設の半径100マイル（160㎞）圏内で乳がんの死亡リスクが高くなるが、日本の政府は同様の調査をやらずに、原発を再稼働させるのは人権無視です」「被曝《ひばく》はどんなに小さくても影響があります」の2点をわたしは特に学びました。[*21]

この講演の後の質疑応答で、保育士だという人が質問をしました。

「園庭で子どもを何時間までなら遊ばせられますか」「保育士として、放射能汚染からどうやって子どもを守ったらいいでしょうか」

この質問に肥田さんは激怒しました。

「あなたはわたしの話を全然分かっていませんね。何を聞いていたんですか。あなたが子どもを守れればそれでいいんじゃない。国をどう変えるかを考えるべきなんです」

多くの聴衆の前でこう言われ、その保育士は気の毒でした。しかし、肥田さんとしては人生の最終盤で命を削る思いで訴えた眼目が伝わらなかったのが無念だったのでしょう。

今は、目の前の子どもに影響が出ていなくても将来影響が出るかもしれない。また、放射線は遺伝子を傷つけます。そうすると、目の前の子どもの、その子どもに影響が出るかもしれない。さらに、仮に人口の多い都市により近い原発が爆発したら、一体この国はどうなってしまうのでしょうか。そこまで考えて脱原発を実現しない限り、本当に自分の子どもを守ったことにはならないわけです。

だから、肥田さんは「原発を止めるためにどうしたらいいでしょうか」という質問を期待していたのだと思います。

わたしたちがつくった市民グループ「原発とめよう秩父人」にも、福島第1原発事故の後、子育て中の女性が何人も来ました。彼女たちは、秩父にも放射性物質は降り注いだので、家族の健康を守るために原発や放射能の問題に関心を寄せたようです。けれども、秩父の放射能汚染はさほどひどくないので、普段通りに暮らしても大丈夫だろうと判断したのか、次第に会合に来なくなりました。

戦争の問題でも同じことが言えると思います。

仮に、次の戦争で死ぬ人の名前が分かるコンピューターが開発されて、そこにあなたの子どもが含まれていたら、あなたはどうしますか。戦争を必死に止めようとするでしょう。けれども、もし死ぬのが他人の子どもでも、あなたは同じくらい必死に止めようとしますか。「戦争も原発も自分に関わりがなければいい」というのでは、結局はあなたやあなたの子どもも原発事故や戦争で殺されることになりかねません。日本の現実は、そのような段階に来ているのではありませんか。

日本には「情けは人のためならず」ということわざがありますね。人に情けをかけるのは、その人のためだけではない。めぐりめぐって、やがては自分に返ってくるという教えです。

わたしは初めて来日した時、ヒッチハイクで全国を回りました。その後も貧乏だったのでよくヒッチハイクをしましたから、これまでに何百人もの運転手に乗せてもらいました。そして、「いつかわたしが車を持ったら、今度はわたしがヒッチハイクの人を乗せてあげよう」と決めていました。ただ、車を持った後、日本ではヒッチハイカーがあまりいないので、残念ながらこれまで数人しか乗せていませんが……。

ログハウスを建てた時も、いろいろな人に相談したり、教えてもらったり、手伝ってもらいました。棟上げなど特に人手が必要だった時には、YWCAでわたしの講演を2回企画してくれた外山真理さんという人が仙台出身だったので、彼女のつてで仙台の大学生が多い時には7~8人来て、1週間以上も泊まり込みで手伝ってくれました。

だから、ログハウスを建てたいという人が相談に来れば、わたしは喜んで応じています。これまで数人の相談を受けたり、家づくりとリフォームを手伝ったりしました。将来その人たちが相談を受けたら、きっと今度は彼らが相談に来た人を手伝ってあげるでしょう。

このように「情け」が循環していけば、誰もが住みやすい社会になります。

手作りのログハウスの前の庭でかほると話すわたし
(2022年7月9日、撮影・永尾俊彦)

「生活の中の政治活動」

では、戦争をなくすために、原発を止めるために、わたしたちに何ができるでしょうか。戦争する国にしたい人、原発を再稼働させたい人たちは、特に政治家は絶大な権力と予算を差配する力を持っています。彼らに対して普通の市民に一体何ができるかと考えると、絶望的な気持ちになる人も少なくないかもしれません。

しかし、国民主権ですから、本当は権力を持っているのは国民です。政治家は実は国民から権力の行使を委託された代理人にすぎないのです。この基本中の基本の認識が、あまり重視されていないようにわたしには見えます。

しかも、「数」という点では、国民は圧倒的に彼らより多数です。数なら負けません。彼らも「民意」には逆らえません。ですから、選挙に行くべきです。

ごく当たり前のことのようですが、しかし、極めて残念なことに、近年の国政選挙では半数前後の人たちは投票に行っていません。地方議会によっては選挙の投票率が3割とか、2割、あるいは無投票で首長、議員らが決まってしまう場合もあります。これを変えるのが最大のカギです。選挙に行かなかった人たちが投票するだけで、政治はがらりと変わります。

ちなみに、2009年に自民党から民主党への政権交代が起きた時の投票率は69％台（小選挙区と比例代表共に）と、1996年の小選挙区比例代表並立制導入後では最高でした。

投票率を上げるには、あなたの周辺の選挙に行かない人の政治的な関心を高めればいいのです。それは、誰にでもできます。

わたしたちが家では家族と、地域ではお隣さんと、学校では友だちと、職場では同僚らと政治の話をすればいいのです。しかし、日本では生活の場で政治の話をするのをタブー視する雰囲気がとても強いですね。政治を話題にするとしらける、「活動家」「意識高い系」と見られるとよく聞きます。この「空気」を少しずつ変えていくことこそが、最大の課題だとわたしは見ています。

戦争する国にしたい人、原発を再稼働させたい人たちは市民が政治に関心を持つのをとても嫌がっているのです。

森喜朗《よしろう》元首相が「そのまま（選挙に）関心がないといって寝てしまってくれれば」（2000年6月）と発言したのはよく知られていますが、この国の権力を持つ人の本音が実によく出ています。2022年7月には、自民党の麻生《あそう》太郎氏が「『政治に関心がないのはけしからん』とえらそうに言う人もいる。しかし政治に関心を持たなくても生きていけるというのは良い国です[*22]」と述べています。

権力を持つ者は、国民が声をあげられない、異論を出させない、真相を知らせないような国づくりをどんどん進めています。法律としては、たとえば、1999年8月の国旗国歌法成立、2013年12月の特定秘密保護法成立、2017年6月の共謀罪法成立などいくつもあります。また、2016年7月には自民党が教員の政治的な発言の密告を受け付けるホームページを作成していた問題や、2020年10月には日本学術会議が推薦した会員候補6人（安全保障関連法などで政府の方針に異論を唱えた点で共通）を、当時の菅義偉首すがよしひで相が理由も示さずに任命をしなかった問題などもあります。

これらの事例だけでも、権力を持つ者がいかに国民が声をあげることを恐れているかが分かります。

これに抗するために、反対するデモや集会には行ったほうがいい。ただ、普通の人はデモや集会にはそうそう頻繁には行けません。

しかし、「生活の中の政治活動」なら誰でも、毎日、気軽にできます。たとえば、朝、お隣さんに会ったら、「ドイツがウクライナに戦車を供与するみたいですけど、それで戦争は終わるんですかね」とか「原発の汚染水（トリチウムなどが全て取り除かれてはいない処理水）を海に放出しちゃって大丈夫なんでしょうか」などと一声かけるだけで違うと思います。

他にもいろいろな工夫の仕方があると思います。たとえば最近わたしの家に電話会社から回線を変えるよう勧誘する電話がかかってきました。その際、すぐに切らないで、一応相手の勧誘の文句を2分間聞いてから、こんな風に答えました。

「電話回線を変えるつもりはありませんが、ここまであなたのためにわたしは2分を使いました。今度はあなたがわたしのために2分を使ってください」
相手「はい……」
ダニー「原発の汚染水放出については聞いたことありますか？」
相手「ごめんなさい、知りません」
ダニー「福島原発事故後の汚染水百万トン以上を将来にわたって太平洋に流すことが決まりました。聞いたことないですか？　どう思いますか？」
相手「すみません。これから勉強します」
ダニー「ありがとうございます。夜遅くまでバイト、お疲れ様です。良い1週間を。ぜひ調べてください……」

　こんな感じです。相手の人は少なくとも原発の汚染水放出が問題になっていることは知りました。このことが、このバイトの人が原発問題を考え始めるきっかけになるかもしれません。こんな電話が週1回以上はかかってきますが、わたしは毎回同じ手を使います。最近では入管法改正やＬＧＢＴＱの問題も話題にしています。こんなささいなことの積み重ねが、実はとても大切ではないかと思います。

「下からの改革」をこそ

このようにして少しずつ声をあげる人が増えていけば、世の中は必ず変わります。わたしたちの手で変えられます。特に、あなたが住んでいる地域で声をあげることが大切です。

わたしの住んでいる秩父郡皆野町では、集落の人々が年に数回集まって道普請《みちぶしん》をします。道路の清掃や道路わきの草刈りなどの協働作業ですね。

この作業に都合が悪くて出られない人は「出不足《でぶそく》」ということで5000円払うしきたりになっていました。そのお金は地域の行事などに使われますが、この金額がまず「高いなあ」とわたしは不満でした。より問題だと思ったのは、夫が出られずに妻が出た場合も「出不足」とされて、3000円を払わなくてはならない決まりになっていたことです。調べてみると、このようなしきたりは全国各地にあるようですね。

「これはおかしい」と思ったので、わたしは村の評議委員に「女性差別なのでやめるべきです」と伝えました。評議委員は「昔から決まっていることで、差別じゃありません」と答えましたが、評議委員会で議論することになり、結局、妻の出不足3000円はなくなりました。そして、これはわたしの提案ではありませんが、評議委員会の話し合いで道普請に出られない場合に払う金額は、男女平等に2000円に引き下げられました。

後で、わたしは集落の女性たちから、「昔からおかしいと思ってたけど言えなかった。ダニーさん、ありがとう」とお礼を言われました。

また、地域の新年会は毎年1月1日の午前に行われていましたが、元旦は親族が集まる機会なので、別の日にしてほしいと考えている人がわたしだけではなく、多くいることを知りました。それで、わたしが日にちの変更を提案した結果、2023年から1月の成人の日に移すことになりました。これも地域の人たちからお礼を言われました。

外国人でも、このように声をあげることによって昔からのしきたりが、より住みやすくなるように改善されます。

家庭や地域、学校、職場などで政治の話をする。おかしいと思った点について声をあげる。あるいは、有志で集まって問題の本質を考えるために学習会や集会を開くのはとても大切だと思います。人に働きかける前に、自分で学び考えることですね。

その他、黙って主張を書いたプラカードを掲げるだけのスタンディングやデモなどをやったりするのもいいことだと思います。もちろん労働組合や生活協同組合、支持する政党の支部で活動するのも重要なのは言うまでもありません。

それから、市民グループに参加している人はたいていい真剣に日本の将来を憂えているのですが、高齢者が多く、若者が少ない。若者の興味をどう引き付けるかが課題です。

その際、「若者は社会的なことに関心がない」「若者は保守化している」と決めつけるのは良くないと思います。若者の心に響く事実と言葉を探すべきではないでしょうか。たとえば、若者と話す際に、わたしはこんな工夫をしています。

2023年2月に、わたしは埼玉県の県立高校の1、2年生670人に「人権」をテーマに講演を頼まれました。

その際、冒頭で「左利きの人は手を挙げてください」と挙手をしてもらいました。ざっと50～60人が手を挙げたでしょうか。その後、こう言いました。

「LGBTQの人の数は日本の人口の8・9%で、左利きの人やAB型の人の割合とほぼ同じだそうです。[*23] ということは、ここには60人くらいのLGBTQの人がいることになります。皆さんは左利きの人を左利きだからと差別しますか。しませんよね。なぜですか。左利きの人は、どこにでもいるからでしょう。LGBTQの人もごく当たり前に、どこにでもいるんです」

この点を少し補足しておきますと、左利きの人も昔は差別されており、右利きへの矯正が行われていたようです。しかし、今では左利きもその人の個性と考える人が増え、左利き差別もほとんどなくなりました。

基準を自分に置くと、わたしたちは、とかく自分とは違っている人を差別したくなります。けれども、世の中には本当にさまざまな人がいます。第2章で、わたしが地元の保育園でやっている講座に、両上肢に障がいのある通称「まめさん」をゲストに招いたことを紹介しましたが、「さまざまな人がどこにでもいる」のが当たり前なのです。

講演ではこの後、人権や戦争の問題を話したのですが、約2時間、みな集中して聴いてくれました。後日、その学校の教員から「ダニーさんに生徒たちの心に種をまいてもらいました。これからその種に水をやり芽を伸ばしていく責任が我々教員にあります。生徒たちと一緒に頑張っていきたいと思います」という嬉しいお礼のメールをもらいました。

同じ市民グループでも、より直接的に政治に関わり、政治家を育てることもできます。わたしは埼玉県11区の「オール11区市民の会」共同代表もしています。この「市民の会」は市民と野党が共闘し、政権交代の実現が目標です。戦争や原発を止めるには、政権交代が大きな力になるのは言うまでもありません。

このように生活の中で、市民グループで、地域から政治を変える行動の積み重ねによって必ず国レベルの政治も変えられます。そのような「下からの」改革こそが、この国の民主主義や人権感覚を成熟させていくのだと思います。

支える人でありたい

さて、「市民の会」でわたしは唯一の選挙権のない「活動家」です。よく「ダニーさんは日本でなぜ選挙権がないの?」と質問されます。永住権はあるのですが、日本国籍を取得していないからです。では、40年も日本に住んでいて、なぜそうしないのか。それは、日本が二重国籍を認めていないからです。日本国籍を取得したければ、イスラエルの国籍を捨てなければいけない。そうすると、パレスチナ占領政策を批判するわたしは、入国できなくなる可能性があります。

しかし、イスラエル国籍である限り、イスラエルはわたしに「入るな」とは言えない。「テロリスト」などでなければ、ちょっとした疑いでは、わたしを止められません。でもわたしが日本国籍になったら、イスラエルに「入るな」と言われるかもしれない。そういうことを考えて、わたしは日本国籍を取得していません。

9000㎞離れた日本からは、どんどん右傾化していくイスラエルの姿が客観的に実によく見えます。ひるがえって、イスラエル人の視点から日本を見ると、まるで10年遅れでイスラエルの背中を追っているようです。

ですから、わたしは自分で選んだ日本から、秩父からイスラエルに対しても日本に対しても声をあげ続けます。

笑われても、けなされても、ときには失望を感じても、声をあげ続けた人たちによって、光が見えてきた例は、歴史上、枚挙にいとまがありません。

「あなたは、自分をガンジーとかキング牧師とかネルソン・マンデラと同じだと思っているの？」とバカにされたことがあります。

彼らが人権と平和のために偉大な仕事ができたのは、周りで彼らを支えた何千人、何万人、何十万人の人たちがいたからです。底辺でしっかり支える人が増えれば、自然に傑出したリーダーは生まれます。

わたしは、そういう人たちを支える大勢の中の1人でありたいと願っています。

あとがき　刊行によせて「さあ、心を使いましょう」

ルポライター・永尾俊彦

「コスモポリタン（地球市民）とはこういう人のことではないか」。２０２２年６月にダニー・ネフセタイさんの話を初めて聞いた時のわたしの印象です。「週刊金曜日」で毎年８月恒例の敗戦特集の人物ルポ企画として、同誌副編集長の吉田亮子さんに紹介されました。

ダニーさんは、イスラエルと日本の政治や社会問題に対してＳＮＳや講演活動で批判を続けています。他方、地元でも保育園の父親の会の会長を引き受けたり、自治会で地域の問題に取り組んだり、「原発とめよう秩父人」をつくって活動しています。まさに“Think Globally, Act Locally”（地球規模で考え、足元から行動せよ）です。

同年7月8日、安倍晋三元首相が銃撃され、死亡する事件が起きました。「武力による平和」を唱えていた人が武力で亡くなりました。同年末には、安保関連3文書が改定され、「敵基地攻撃能力」が持てるようになりました。戦争が迫っている。こんな時こそ、戦争の絶えない国から来て軍隊経験もあるダニーさんの「全ての暴力に反対します」という声に耳を傾けるべきではないかと考えたのが、本書を企画、取材、聞き書きの執筆をした理由です。

ダニーさんは言います。「『武力による平和』。これがウソであることは毎日のようにイスラエルで証明されているのです。この現実の上に、2023年10月に起きたハマスとイスラエルの戦争もあります。／他方、日本はどうでしょう。平和憲法のもと、憲法9条のもと、2023年まで戦後78年間も戦争はなかったではありませんか。／歴史が証明しています。答えは出ているのです。憲法9条の理想を実現させましょう。／（中略）武器は棄てるしかありません」（本文180─181頁）。

ダニーさんの結論は「非武装中立論」です。憲法前文と9条を素直に読めば、「非武装中立論」になることは多くの学者や識者が指摘しています。イスラエルから来たダニーさんによって、日本国憲法が再発見されたとも言えます。

1980年に日本社会党の書記長を務めた石橋政嗣《まさし》氏（83年から同党委員長／2019年に95歳で死去）が、『非武装中立論』（日本社会党中央本部機関紙局）を刊行、ベストセラーになりました。その後もまんが原作者・批評家の大塚英志《えいじ》氏が石橋氏の『非武装中立論』を再評価し、2006年に明石書店から復刊したり、2023年には花岡蔚《しげる》氏が『新版　自衛隊も米軍も、日本にはいらない！　恒久平和を実現するための非武装中立論』（花伝社）を出すなど、これを「理想」と認める人は根強くいます。ただ、現実的ではないと見る人が今ではとても多くなりました。ダニーさんはこう反論します。

「理想だと認めるのなら、理想のために愚直であっても何らかの努力をすべきではないですか。人間が理想を言わなくなったら、地球に存在する意味がありません」（同183頁）

圧倒的な既成事実を前にすると、わたしたちはとかくあきらめがちになりますが、やはり理想を、正論を愚直に言い続ける大切さを、わたしはダニーさんから学びました。

では、戦争を放棄して他国が攻めてきたらどうするのか。ダニーさんは、「必要なのは、『敵基地攻撃能力』ではなく、『近隣諸国との対話能力』なのです」（同178頁）と答えます。攻められないよう、共存共栄の道を探る外交や政治の力です。

「『平和を愛する諸国民の公正と信義に信頼』（憲法前文）を置き、日本が渾身の勇気をふるって真っ先に武器を棄てれば、誰にも攻められるはずがありません」（同182頁）ともダニーさんは言っています。これは、「正義の力」を信じるということでしょう。

実は、文部省（当時）も1947年に刊行した新制中学校1年生用の教科書『あたらしい憲法のはなし』で、戦争放棄について「日本は正しいことを、ほかの國よりさきに行ったのです。世の中に、正しいことぐらい強いものはありません」[*1]と、ダニーさん同様、先に武器を棄てる勇気が持つ「正義の力」を説いていたのです。

しかし数年後、この教科書は使われなくなり、文部省は自民党右派とともに教科書の内容に介入したり、「日の丸・君が代」の強制をテコに「教え子を再び戦場に送るな」と抵抗する教師を処分するなどして教育現場の統制を強め、「愛国心」教育も再開しました。

戦後の日本は、せっかく戦争放棄という世界の流行の最先端の服を着たのに、また国民服とモンペの時代に戻ろうとしているかのようです。

ダニーさんがイスラエルで受けた教育も、「国のために死ぬのはすばらしい」と子どもたちを洗脳する愛国教育でした。戦争をする国は必ず教育を支配し、愛国心を利用します。そういう教育を受けると、戦争は止められる、なくせるとは考えられなくなるのです。

「君は自分の子や孫に永遠に戦争が続くと言って育てるの?」。ダニーさんが問うと、イスラエルの友人はこう答えたそうです。「周りのパレスチナ(アラブ)人たちは、残念ながら『ユダヤ人を追い出せ』という洗脳教育を受けている。だから、『いつまでも戦うしかない』と子や孫にも言うつもりだよ」(同119頁)。

わたしたちは、こんな悲しい未来しか子や孫の代に手渡すことができないのでしょうか。ダニーさんは、想像力を使うことを「心を使う」と表現します。それは「敵」の身になってみることでもあります。すると「敵」にも人権、つまり幸せになる権利があることに気づきます。そして、「敵」を殺した場合の親族や友人らの慟哭《どうこく》をその身になって想像するところから、武力ではなく、言葉による平和の創造の道しかないことが見えてきます。

では、平和を創るためにわたしたちに何ができるのか。ダニーさんの提案は、家庭で、地域で、学校で、職場で政治の話をすることです。一見ささいなことですが、実は、権力を持つ者が一番怖がっているのが、市民が政治に関心を持って投票率が上がることなのです。有権者が自分の権利に気づき、本当の有権者になるのが怖いのです。生活の中で政治をタブー視し、権利の上に「寝て」いては、戦争をしたい人たちの思うつぼです。

ダニーさんは、福島第1原発事故後、少数の利益のために多数が犠牲になる点で原発産業と武器産業はよく似ていると気づきます。そして、それをごまかそうとするから国民をだますことになると言い、わたしたちが「だましの手口」にもっと敏感になる必要を訴えます。映画監督の伊丹万作も「戦争責任者の問題」で、「『だまされていた』といって平気でいられる国民なら、おそらく今後も何度でもだまされるだろう[*2]」と書いています。そのために伊丹は批判力などの大切さを説きます。これは、ダニーさんが言う「疑う」ことと重なります。軍隊を疑い、愛国心を疑い、美意識を疑う。

そして、わたしたち市民には戦争を防ぎ平和を構想できる政治家を育てるという重要な役割があるとダニーさんは言います。選ぶ側の責任を重視するのがダニーさんの非戦論の特徴です。戦争をしたがる政治家を選んだのは結局は有権者なのです。ですから、政治家を選ぶ側のわたしたちが心を使い、平和のために心を使える政治家を選ぶことです。

ダニーさんの講演会は、最後に両手のこぶしを合わせたハートマークがスクリーンに映し出され、終わります。「さあ、心を使いましょう」とのメッセージを込めて。

本書の編集者である藁谷浩一さんには多くの重要な指摘や提言をいただき、心からお礼申し上げます。また、私事にわたりますが、わたしの次女が一昨年パレスチナ・ガザ地区出身の青年と結婚し、昨年女児が生まれました。そういう中でイスラエル出身のダニーさんと出会い、本書の仕事の機会を与えられたことにも深く感謝します。

2023年11月3日　日本国憲法が公布された日に

註

＊新聞記事や雑誌、書籍、ウェブサイトなどの原典がヘブライ語の場合はダニー・ネフセタイが、英語の場合は、断りのあるもの以外はネフセタイと永尾俊彦が翻訳した上で引用した。

【第1章】

＊1　ユダヤ教の超正統派（ハレーディーム）の人々は人口の13％ほどだが、兵役を免除され、祈りに専心し、日々旧約聖書の勉強をする。しかし、戦争に反対するわけではない。

＊2　ハマスは、「イスラム抵抗運動」のアラビア語の略称。1987年設立。PLO（パレスチナ解放機構）はイスラエルと共存する方針だが、ハマスはイスラム国家としてのパレスチナの建設を目指す。2006年1月のパレスチナ立法評議会選挙で、PLO主流派のファタハに代わって政権についた。

＊3　イギリスは、1916年にフランス、ロシアとの間で第1次世界大戦後のオスマン帝国領の分割を決めた密約（サイクス・ピコ協定）も結んでおり、これも含めて「三枚舌」外交と言われることもある。

＊4　本書では、1948年のイスラエル独立まで、パレスチナ（西アジアの東地中海沿岸一帯）に住んでいたり、現在も住んでいるアラブ人とその子孫をパレスチナ人とする。

＊5　ユダヤの王ヘロデ（在位前37～前4年）が、エルサレム神殿の増改築を行った際に造られた神殿の丘西側擁壁の一部。ユダヤ人はローマに対する反乱（132～135年）で敗北、エルサレムに入ることを禁じられたが、4世紀になって年1回、神殿の廃墟で神殿消失と国の滅亡を嘆くことが許された。

「嘆きの壁」は、現在のエルサレム市内の東エルサレム地区に位置する。この地区には、キリスト教の聖地の「聖墳墓教会」、イスラム教の聖地の「岩のドーム」もある。

＊6　ヨルダン川西岸の都市ヘブロンのマクペラの洞穴にある。アブラハム（若い頃はアブラム）は、イスラエル民族の祖とされ、キリスト教、ユダヤ教、イスラム教を通じて「信仰の父」とされる。

＊7　この歌は、イスラエルの独立前からシオニズム運動の歌として使われていて、独立後国歌となった。しかし、①独立によって自由の民になったのに、現在も「（いずれはイスラエルで）自由の民として」というのは矛盾している、②現在のイスラエルの人口の2割はアラブ人なのに国歌では「心の中に宿っているユダヤ人の魂」と歌うのは彼らを完全に無視している、という大きく2つの批判がある。

＊8　現在は予算の関係で、戦闘機の飛行のみで地上のパレードは行われなくなった。

＊9　ユダヤ・バーチャル図書館
https://www.jewishvirtuallibrary.org/military-casualties-in-arab-israeli-wars

＊10　Kadman, Noga. *Erased from Space and Consciousness*, Indiana University Press, 2015.（ノガ・カドマン『空間と意識からの消去』）

＊11　イスラエルの「エルサレム・ポスト」、2022年10月11日（カッコ内は筆者による補足）
https://www.jpost.com/opinion/article-719355

＊12　イスラエルの人権保護団体「B'Tselem」
https://www.btselem.org/statistics/fatalities/during-cast-lead/by-date-of-event

＊13　ユダヤ・バーチャル図書館

https://www.jewishvirtuallibrary.org/military-casualties-in-arab-israeli-wars
＊14　「タイム」1976年4月12日　"Special Report: How Israel Got The Bomb"
＊15　イスラエルの新聞「Haaretz」2019年5月12日
https://www.haaretz.co.il/opinions/2019-05-12/ty-article-opinion/.premium/0000017f-f78b-ddde-abff-ffef064b0000

【第2章】

＊1　「民数記」33章55節。「もし、その土地の住民をあなたたちの前から追い払わないならば、残しておいた者たちは、あなたたちの目に突き刺さるとげ、脇腹に刺さる茨となって、あなたたちが住む土地であなたたちを悩ますであろう」（新共同訳）。
＊2　マイケル・ムーア監督のドキュメンタリー映画、『Where to Invade Next』（『マイケル・ムーアの世界侵略のススメ』2015年）。アメリカの国防総省幹部から侵略戦争を繰り返しても良い結果にならなかったという切実な悩みを持ちかけられた映画監督のマイケル・ムーアが、自分が「侵略者」になって各国の長所を「略奪」するためヨーロッパに出撃するというフィクショナルな設定。だが、紹介される各国の長所はドキュメンタリー。
＊3　臼杵陽『イスラエル』岩波新書、2009年、180頁。
＊4　イスラエルのニュースサイト「ynet」2000年9月28日
https://www.ynet.co.il/articles/0,7340,L-140848,00.html

＊5　「ビン＝ラディン２００４年10月声明」（訳：TriNary）
原典：Ladin, U. bin（2004）：Full transcript of bin Ladin's speech. - Aljazeera
https://chronoflyer.ddo.jp/~trinary/plus/ladin/ej.html

＊6　「ynet」２０１１年２月27日
https://www.ynet.co.il/articles/0,7340,L-4035142,00.html

＊7　「Haaretz」２００２年８月24日
https://www.haaretz.co.il/misc/2002-08-24/ty-article/0000017f-e751-da9b-a1ff-ef7f2a650000

＊8　マーティン・ギルバート著、小林和香子監訳『アラブ・イスラエル紛争地図』明石書店、２０１５年、１６７頁、１７６頁、１８０頁。

＊9　現在（２０２３年）では、妹シャーリーの考えはわたしに近づいている。分離壁についてもフェイスブックに「この分離壁の行方はベルリンの壁と同じで最後は崩れる。わたしたちが閉じ込められる」と投稿した（２０２３年６月１日）。

＊10　臼杵陽『イスラエル』岩波新書、２００９年、１９９頁。

＊11　ヒズボラは、１９８２年に設立。

＊12　「しんぶん赤旗」２００６年８月３日

＊13　レバノン政府機関運営のホームページ「LEBANON UNDER SIEGE」（包囲下のレバノン）
https://web.archive.org/web/20071227165718/http://www.lebanonundersiege.gov.lb/english/F/Main/index.asp

＊14 「朝日新聞」２００９年１月23日夕刊

＊15 人権保護団体「B'Tselem」
https://www.btselem.org/statistics/fatalities/during-cast-lead/by-date-of-event

＊16 「Haaretz」２００８年12月30日
https://www.haaretz.co.il/opinions/2008-12-30/ty-article/0000017f-db07-ddf3-af7f-ff2f1c040000

＊17 人権保護団体「B'Tselem」
https://www.btselem.org/press_releases/20160720_fatalities_in_gaza_conflict_2014

＊18 イスラエルの「Walla」２０１４年８月19日
https://news.walla.co.il/item/2776357

＊19 「エルサレム・ポスト」、２００９年３月１日
https://www.jpost.com/israel/observer-olmert-rejected-hamas-back-channel

＊20 「毎日新聞」２０１４年９月28日

＊21 イスラエルのメディア「GLOBES」２０２１年４月14日
https://www.globes.co.il/news/article.aspx?did=1001367555

＊22 「Haaretz」２０１１年11月16日（初出は１９９８年３月６日）
https://www.haaretz.co.il/news/politics/2011-11-16/ty-article/0000017f-e16a-d804-ad7f-f1fa9fca0000

＊23 「Walla」２０２２年11月30日
https://finance.walla.co.il/item/3543501?dicbo=v2-3306271736c60a6aaf3dad33bc42d

＊24 Hadad, Sasson. "Is the Aid Agreement Essential for Israel? A Cost-Benefit Analysis," P.147.
https://www.inss.org.il/wp-content/uploads/2020/08/Memo202_e-143-156.pdf

＊25 Islamic State in Iraq and Syria の略称、イスラム過激派組織「イラク・シリアのイスラム国」。

＊26 武器輸出管理法２７７６条
https://uscode.house.gov/view.xhtml?path=/prelim@title22/chapter39&edition=prelim

＊27 「ynet」２００５年2月17日
https://www.ynet.co.il/articles/0,7340,L-3047465,00.html

＊28 イスラエルの新聞「Calcalist」２０２１年10月28日
https://www.calcalist.co.il/local_news/article/syz0afulf

＊29 グラフで見る世界の統計
https://graphtochart.com/public-sector/israel-military-expenditure-of-gdp.php#latestmilitary-expenditure-of-gdp

＊30 イスラエルのテレビ局「ＫＡＮ」２０２２年5月27日
https://www.kan.org.il/item/?itemid=128028

＊31 「ニューズウィーク」２０１９年6月25日（「The Conversation」より転載）
https://www.newsweek.com/us-military-greenhouse-gases-140-countries-1445674

＊32 時事ドットコム　米国海兵隊兵器総覧
https://www.jiji.com/jc/v2?id=20100414us_marine_corps_weapons_13

＊33　The National Interest　２０１９年11月１日
https://nationalinterest.org/blog/buzz/next-threat-stealth-f-35-global-warming-92931
＊34　「クーリエ・ジャポン」２０２１年11月30日
https://courrier.jp/news/archives/269543/
＊35　このカレンダーの２０２３年版は〝むのたけじ地域・民衆ジャーナリズム賞〟の優秀賞を受賞。

【第３章】
＊１　芝健介『ホロコースト　ナチスによるユダヤ人大量殺戮の全貌』中公新書、２００８年、１５９頁。
＊２　同前、１６０頁。
＊３　グイド・クノップ著、高木玲訳『ヒトラーの共犯者　12人の側近たち』（下）、原書房、２０１５年、３５２頁。
＊４　Rare Historical Photos
https://rarehistoricalphotos.com/laughing-at-auschwitz-1942/
＊５　ミルトン・マイヤー著、田中浩・金井和子訳『彼らは自由だと思っていた　元ナチ党員十人の思想と行動』未來社、１９８３年、１６７頁（原書：*They thought they were free: The Germans, 1933-45*）。
＊６　「Haaretz」２００９年８月14日
https://www.haaretz.co.il/opinions/2009-08-14/ty-article/0000017f-e388-d9aa-afff-fbd872490000
＊７　イスラエル政府公文書、１９５２年１月20日34番

https://www.archives.gov.il/archives/Archive/0b07170680031be30/File/0b07170680347b00/Item/09071
70680347f93

＊8　Kletter, Raz. *Just Past?: The Making of Israeli Archaeology*, Routledge, 2005, P.62.
＊9　「BAMAHANE」１９５１年11月28日号
＊10　「岩のドーム」は、東エルサレムの「神殿の丘」にあるイスラム教の聖地。ムハンマドが昇天した場所とされる「聖なる岩」を覆う記念堂で、ウマイヤ朝のカリフ、アブドゥル・マリクが7世紀に建立した。ユダヤ教では、「聖なる岩」はアブラハムが息子のイサクを神のために捧げようとした台とされる。「神殿の丘」の南西の壁の外側の一部がユダヤ教の聖地「嘆きの壁」。
＊11　「産経新聞（共同通信社）」２０２２年12月30日
＊12　「朝日新聞」２０２３年1月2日電子版
＊13　ゴラン高原郡（Golan Regional Council）ホームページ「Kibbutz Merom Golan」
https://www.golan.org.il/place/merom_golan.aspx
＊14　ＮＨＫホームページ、２０２１年11月11日「パレスチナ問題ってなに？」

【第４章】

＊1　防衛省・自衛隊ホームページ、２０２３年3月現在／定員の92・2％。
＊2　「The Military Balance 2023」The International Institute for Strategic Studies
＊3　布施祐仁『経済的徴兵制』集英社新書、２０１５年、15—16頁。

＊4　共に非常勤の特別職国家公務員として、普段はそれぞれの職業に従事しながら即応予備自衛官は年間30日間、予備自衛官は5日間の訓練に応じる。有事などでは自衛官となり現職自衛官と共に働く。
＊5　防衛省・自衛隊ホームページ
＊6　「週刊金曜日」２０２２年8月19日号
＊7　「Walla」、２０２３年6月6日　https://news.walla.co.il/item/3584302
同6月7日　https://news.walla.co.il/item/3584471
＊8　「Walla」２０２２年10月11日
https://news.walla.co.il/item/3534513
＊9　「Walla」２０２３年2月23日
https://news.walla.co.il/item/3560631
＊10　イスラエルのウェブサイト「Kikar Hashabbatnews」２０２３年2月26日
https://www.kikar.co.il/security-news/439053
＊11　イスラエルのテレビ局「N12」２０２３年2月27日
https://www.mako.co.il/news-military/2023_q1/Article-4aa6d8043ce8681026.htm
＊12　安倍晋三・岡崎久彦『この国を守る決意』扶桑社、２００４年、63頁。
＊13　G.M.Gilbert, *Nuremberg Diary*, Da Capo Press, 1995, P.278.
＊14　「FlyTeam」ホームページ
https://flyteam.jp/event/detail/9136

＊15　「日刊スポーツ」２０２２年3月24日電子版
＊16　人権保護団体「B'Tselem」
https://www.btselem.org/press_releases/20230108_the_occupied_territories_in_2022_largest_number_of_palestinians_killed_by_israel_in_the_west_bank_since_2004
＊17　「ＮＨＫ　ＮＥＷＳ　ＷＥＢ」ホームページ、２０２３年2月20日
＊18　「朝日新聞」２０２３年2月14日夕刊
＊19　「東京新聞」２０２２年11月10日夕刊
＊20　「共同通信」２０２２年12月1日
＊21　これらは、『内部被曝の脅威』（肥田舜太郎、鎌仲ひとみ著、ちくま新書、２００５年、99頁、１１4頁）でも詳しく述べられている。
＊22　「朝日新聞」２０２２年7月1日電子版
＊23　「PRIDE JAPAN」ホームページ、２０１９年1月12日
https://www.outjapan.co.jp/pride_japan/news/2019/1/5.html

【あとがき】
＊1　『あたらしい憲法のはなし』文部省、実業教科書、１９４７年、18―20頁。
＊2　伊丹万作「戦争責任者の問題」『伊丹万作エッセイ集』ちくま学芸文庫、２０１０年、98頁。

ＵＲＬの最終閲覧日：２０２３年9月21日

図版作成・レイアウト／MOTHER

ダニー・ネフセタイ

一九五七年、イスラエル生まれ。木製家具作家。高校卒業後にイスラエル空軍で三年間兵役を務める。一九八八年、埼玉県秩父に移住。自宅のログハウスを建て、木工房ナガリ家を開設。現在は夫婦で注文家具、遊具、木工小物、オブジェなどの創作活動を行いながら、反戦や脱原発をテーマに講演活動を行う。著書に『国のために死ぬのはすばらしい？ イスラエルからきたユダヤ人家具作家の平和論』（高文研）がある。

イスラエル軍《ぐん》元《もと》兵《へい》士《し》が語《かた》る非《ひ》戦《せん》論《ろん》

集英社新書一一九四A

二〇二三年一二月二〇日 第一刷発行
二〇二四年一〇月 六 日 第三刷発行

著者……ダニー・ネフセタイ　構成……永尾《ながお》俊彦《としひこ》
発行者……樋口尚也
発行所……株式会社集英社
東京都千代田区一ツ橋二-五-一〇 郵便番号一〇一-八〇五〇
電話 〇三-三二三〇-六三九一（編集部）
〇三-三二三〇-六〇八〇（読者係）
〇三-三二三〇-六三九三（販売部）書店専用

装幀……原 研哉
印刷所……大日本印刷株式会社 TOPPAN株式会社
製本所……株式会社ブックアート

定価はカバーに表示してあります。

 ISBN 978-4-08-721294-5 C0222

Printed in Japan

a pilot of wisdom